UĞUR KOŞAR

ALLAH'A KOŞUN

DESTEK
yayınları

DESTEK MEDYA GRUBU

DESTEK YAYINLARI: 615
TASAVVUF: 19

ALLAH'A KOŞUN / UĞUR KOŞAR

İmtiyaz Sahibi: Yelda Cumalıoğlu
Genel Yayın Yönetmeni: Ertürk Akşun
Yayın Koordinatörü: Özlem Esmergül
Editör: Devrim Yalkut
Kapak Tasarım: İlknur Muştu
Sayfa Düzeni: Cansu Poroy
Sosyal Medya-Grafik: Tuğçe Budak

Destek Yayınları: Aralık 2015 (100.000 Baskı)
101.-110. Baskı: Ocak 2016
111.-120. Baskı: Nisan 2016
121.-122. Baskı: Eylül 2017
123.-124. Baskı: Aralık 2017
125.-126. Baskı: Mayıs 2018
127. Baskı: Ocak 2019
128. Baskı: Mayıs 2019
129. Baskı: Eylül 2019
130. Baskı: Kasım 2019
131. Baskı: Şubat 2020
132. Baskı: Nisan 2020
133. Baskı: Kasım 2020
Yayıncı Sertifika No. 13226

ISBN 978-605-311-046-0

Abdi İpekçi Caddesi No. 31/5 Nişantaşı/İstanbul
Tel. (0) 212 252 22 42 – Faks: (0) 212 252 22 43
www.destekyayinlari.com
info@destekyayinlari.com
facebook.com/DestekYayinevi
twitter.com/destekyayinlari
instagram.com/destekyayinlari

Deniz Ofset – Çetin Koçak
Sertifika No. 48625
Maltepe Mahallesi
Hastane Yolu Sokak No. 1/6
Zeytinburnu / İstanbul

DESTEK yayınları KARAKARGA BEYAZ BAYKUŞ genç DESTEK

UĞUR KOŞAR

HAYAT SİZİ YORUYOR MU?
O HALDE

ALLAH'A KOŞUN

RABB'İN VARKEN BİR KULA MI İHTİYAÇ DUYARSIN?

DESTEK
yayınları

İÇİNDEKİLER

Rahman ve Rahim olan Allah'ın adıyla başlarım. Bu kitabı yazmayı vesile kılan Rabb'ime verdiği lütfundan dolayı hamdü senalar olsun:

"Ben bir kulu sevdiğim zaman onun işiten kulağı ve gören gözü olurum. Artık o, konuşurken benim kelamım ve hükmümle konuşmaya ve baktığı her şeyi benim verdiğim özel bir görüşle görmeye başlar."

Bu kitabı yazan Uğur Koşar sadece aracıdır, vesiledir. Lütuf ve rahmet tamamen Allah'ındır...

Dardasın ve başını alıp gidecek bir yer mi arıyorsun?

Yoksa kararsız kalmış ve yolunu mu şaşırdın? Çoğu zaman kime ve nereye gitsem diye mi düşünüyorsun?

İşte Rabb'in sana müjde verip adeta kucak açıyor:

"*Allah'a koşun.*"

– Zariyat 50

SÖZE BAŞLARKEN...

Allah kullarına birçok kez kutsal kitabımız Kuran'da buyurdu, "Allah'a sığının, Allah size yeter, Allah'tan başka dost yoktur, Allah'tan başka yardımcı yoktur" diye.

Bugüne kadar size sığınmayla gelen huzuru anlatmaya, yaşatmaya çalışmıştım. Bir kez daha Rabb'imiz buyuruyordu:

"Allah'a koşun..."

İşte size bu yeni kitabımızda O'na koşmayı anlatmak istedim. "Azap size gelmeden önce Rabb'inize sığının" diyordu yüce Allah. Biz bugüne kadar hep azap gelince sığınmıştık Rabb'imize. Oysa Allah bize bir sır veriyordu adeta, "Bir sıkıntınız gelmeden önce bana sığının, başvurun" diyordu...

Evet, dünyadaki huzur ve kurtuluşu, gerçek mutluluğu bu ayet çok net ifade ediyordu aslında. Ve benim tüm niyetim sıkıntılardan arınarak *Allah'a koşmana* vesile olmaktır...

GÜNE BAŞLARKEN: YÜZÜMÜZÜ TEFEKKÜR İLE YIKAMAK

Benim kıymetli okurum, vicdanlı okurum... Sizlerin duaları, Allah'ın lütfu ve verdiği ilham ile yeni bir kitabımıza başladık çok şükür. Kitap yazma konusunda acele etmiyorum. Biliyorum sizler belki her ay bir kitap çıkartsak okuyacaksınız. Sevgiyle, belki de koşa koşa gidip alacaksınız kitaplarımızı.

Fakat o zaman yazdığım kitap rahmani olmayacak, kitap yazmak için bunu yapmış olacağım. O zaman kitabımıza o güzel enerji belki de yansımayacaktı. Bu yüzden Allah, bizim güzel dostumuz, her şeyimiz olan Rabb'imiz izin verdiğinde, ilham ettikçe gönlüme, bende bu satırları yazıyorum.

Allah Peygamberlerimize vahiy edermiş, sevdiği kullarına ise ilham edermiş. Hamd olsun ki bizlere de demek ilham ediyor ve sizlerle buluşturuyor. Kurban olduğum Rabbim sizi o kadar çok seviyor ki inşallah bu derin sevgiyi hissettirmeye ben de âcizane kulu olarak vesile olurum.

Allah De Ötesini Bırak kitabımızda hatırlarsan ilk tefekkürden söz etmiştim sana. Derin düşünmekten... Böylece baktığımız her şeyde Rabb'imizin gücünü, kudret ve kuvvetini görüyor, şahit oluyorduk.

Tefekküre çok önem veriyorum. Nasıl vermeyeyim! Sevgili Peygamberimizin ömrü tefekkür ile geçerdi. Tefekkür ruhun adeta suyudur. Evet, namaz ekmeğidir ruhumuzun, tefekkür ise suyu...

Bir şeyi bilmenin ruhumuza katkısı çok fazla yoktur, keza bedenimize de. Mesela yemeğin karnımızı doyurduğunu biliriz ama onu yemezsek bir süre sonra bedenimiz iflas edecektir.

İşte her şeyin Allah'ın izni ile olduğunu bizler çok iyi biliyoruz, ama sadece biliyoruz... Bunu sindirmemiz gerek ki ruhumuz beslensin. En ufak bir stres karşısında yenik düşmeyelim ruhsal sıkıntılara...

Sevgili Peygamberimiz de her şeyin Allah'ın gücü ve kudreti ile olduğunu biliyordu, en iyi bilen insandı; fakat bilmekle kalmayarak Nur Dağı'nın Hira Mağarası'na çıkıyor ve orada günlerce tefekkür halinde kalıyordu öyle değil mi?

Demek ki bilmekten öte, hayata almak gerekiyormuş...

Madem Allah'a koşun diye Rabb'imiz buyuruyor, biz de tefekkür köprüsünün üzerinde Rabb'imize doğru koşalım. Şimdi durma değil, yürüme değil, evet şimdi koşma vaktidir. Allah'a koşma vaktidir. Huzura koşma vaktidir. Gerçek dostumuza koşma vaktidir.

Bu yüzden güne tefekkür ile başlamanı çok isterim. Ben her yeni güne tefekkür ile başlıyorum, bu şekilde ruhumu arındıyorum. Tefekkür ile ruhumu arındırmak apayrı bir huzur katıyor bana.

İnsanın içini öyle bir derinlik kaplıyor ki bu tarif edilemez, yaşamanı isterim; hem de tüm iliklerine kadar bu muhteşem hissin tadına varmanı dilerim.

Peki, bunu nasıl yapacağız? Sabah namazımızı kıldıktan sonra camın önüne gidelim ve perdeyi açarak karanlık odamızı Allah'ın nuru ile aydınlatalım.

Gözlerimiz belki de kamaşmış bir durumda... Işığa yeni yeni alışıyor... Evet, ilk olarak gökyüzüne bakıyoruz yine. Ve gökyüzündeki bulutların, semanın, kuşların ayakta olduğunu görüyoruz. Ve içimizden tekrar ediyoruz: "Ey uçan kuş, ey ayakta dikilen gökyüzü, sizler Allah'ın Kayyum (yeryüzü ve gökyüzü, her şeyi ayakta tutan esmasının) tecellisi ile ayaktasınız. Hiçbir iradeniz ve gücünüz yoktur."

Sonra varoluşun üzerindeki renklere şahit olalım, tefekkür edelim, derince bakalım. Aklımıza hemen Bakara Suresi 138 geliyor:

"Allah'ın boyasına bak. Kim, Allah'tan daha güzel boya vurabilir ki? İşte biz O'na ibadet edenleriz."

Evet, ağaçların yapraklarına bakar mısın? Yeşil renk... Böyle bir yeşili hiçbir yerde göremezsin. Hiçbir boyada böyle bir ton olamaz... Ve o ağacın gövdesindeki kahverengiyi görüyor musun? Ya toprağın kahverengisini? Allah'ım böyle bir güzellik yok hamd olsun.

İnsanların yüzüne bakar mısın şimdi de?

Kimi açık ten, kimi daha koyu... İşte Allah'ın boyası bu...

Sonra evindeki meyvelerin üzerindeki renge bakabilirsin. Çilek, kiraz, elma, şeftali... Ya karpuzun kırmızısı... Belki de bunu belli aralıklar ile yapıyordun. Şimdi daha da derinleşelim ve diyelim ki, "Allah'ım senin boyan ne güzel boyadır." Evet, aynen bu şekilde zikrederek bakalım renklere...

Varoluşa bakmaya devam edelim lütfen. İnsanları, ağaçları, hayvanları ve tüm düzeni yoktan var eden Halik (her şeyi yoktan var eden) tecellisine şahit olalım birlikte.

Allah her şeyi yoktan var etmiş ve düzene sokmuş. Her şeyi birbirine uygun yaratmış. Örnek olmadan yaratmış El Bari tecellisini hisset lütfen. Kuşa kanat vermiş, ne kadar uyumlu olmuş. İnsana bir gövde vermiş, kollar takmış ve gövdenin en üstüne kafatası ve o kafatasına gözler, burun, kaş, ağız yerleştirmiş.

İşte bunlar El Bari tecellisidir (örneksiz yaratan).

Bir ressam çok güzel resim çizebilir ama bir yere bakmak zorunda aynı resmi çizebilmek için öyle değil mi? İşte Allah örneksiz bu şekilde yaratıyor. El Bari tecellisini görebiliyorsun baktığın her şeyde...

Şu an benlik yok oluyor yavaş yavaş. "Benliği çıkart aradan, zaten orada Yaradan" demişti Yunus Emre. Şimdi biz bu rahmet dolu yoldayız... Her şeyin Allah'tan olduğuna şahit oluyoruz.

Budistlerin meditasyonu vardır demiştik, bizim tefekkürümüz var ve bunun içinde *ilahi rahmet* var. Onlar da şahit oluyor ama boş şeye. Boşluğa şahit oluyor. Biz ise Allah'ın gücü ve kudretine şahit oluyoruz. Tıpkı sevgili Peygamberimiz Hz. Muhammed(sav) gibi.

Bunu bize lütfeden Allah'a hamd ederim. Size yazarken bile kendimi pamuk gibi hafif hissediyorum. Çok şükür.

Şimdi de yavaş yavaş "Malik-ül Mülk" (yani malın ve mülkün tek sahibi) tecellisine şahit olalım. Bakın evlere, binalara. Biz daha önce bu Mustafa'nın marketi, bu Ahmet Bey'in evi, bu benim evim gibi sürekli benlik içinde yaşıyorduk. Oysa o gördüğün binalar, evler, hatta şu an içinde bulunduğun daire, hatta daha da ötesi bedenin ve aldığın nefes kimin?

Elbette âlemlerin Rabb'i olan Allah'ın. Şimdi diyelim ki gördüğüm tüm bu binalar, işyerleri, evler, bu bulunduğum bina, daire Malik-ül Mülk'ündür. Aldığım nefes ve bu beden dahi Rabbim senindir.

Kapıma bir yazı yazmayı düşünüyorum, nefsim her gördüğünde ıslah olsun diye. Şöyle bir yazı: "Bu evin sahibi Malik-ül Mülk'tür. Uğur Koşar ise sadece emanetçidir."

Tabii ki bunun farkındayız ama bazen dünya hali olur da nefis bir an unutur gaflete düşer. Böylece her eve girdiğimde emanetçi olduğumun tekrar tekrar farkına varacağım. Bunu size de tavsiye edebilirim.

Çıkarttık benliği aradan, işte şimdi Yaradan ile birlikteyiz. Çok şükür... Evet, yüzümüzü böylece tefekkür ile yıkamış olduk. Bunu her sabah yapar güne öylece başlarım. Sonra da Allah'tan gelecek tüm güzelliklere açık bir kalbin niyetine girerek evden çıkarım.

Sen yağmur yağıyor sanıyorsun oysa Allah, Mukit sıfatı ile tecelli ediyor. Ağaç, bitki, börtü böcekleri, hayvanları suluyor, besliyor.

"Şayet hayvanlar da olmasaydı,
tek damla yağmur bile yağmazdı."

– Hz. Muhammed(sav)

Şimdi sırtını Allah'a daya ve işlerinin halledileceğini düşünerek derince bir nefes al.
Nefes için de şükret ki ilahi aşk tüm ruhunu sarsın.

ALLAH'IN İKRAMLARINA AÇIK OLARAK GÜNE BAŞLAMAK

Allah kullarına ikram etmeyi çok sever. Tabii biz kulları bu ikram için niyetli olursak faydalanabiliriz. Her zaman uyanık her zaman güzel niyetle hayatımızı sürdürmeyi alışkanlık haline getirmeni diliyorum.

Tıpkı sevgili Peygamberimiz gibi. O da Allah'tan gelecek ikramlara her daim açıktı, kabul içindeydi. Bu yüzden evden çıkarken şu duayı ederdi:

"Allah'ın ismiyle evimden çıkıyorum. Allah bana kâfidir. Tüm işlerimde O'na güveniyorum, O'na dayandım, tevekkül ettim. Çünkü bütün kuvvet ve kudret Allah'ındır."

Sevgili Peygamberimizin her anında Allah vardı. Her işinde Allah'ı mutlaka yanında hissederdi.

Biz de evden çıkarken bu güzel sığınma duasından sonra şöyle niyet edebiliriz:

"Ya Rabbi. Senden bana gelecek tüm güzellikleri görmeye niyet ediyorum. Senden gelecek bütün ikramlara tüm kalbimle açığım.

Bana ve aileme, senin razı geleceğin amelleri işlemeyi nasip et. Senin razı olmadığın amelleri işlemekten, harama karışmaktan, hor görülmekten, aldatılmaktan, kandırılmaktan, ayağımın kaymasından ve kaydırılmasından da sana sığınırım. Muhakkak ki senin gücün her şeye yeter."

Çok şükür... Milyonlarca şükür... Şu an tüm kapalı algılarımızı açtık. Yüreğimizin üzerindeki paslanmış kilitleri söktük attık ve kalbimizin nurlanması için Allah'tan gelecek ikramlara hazırız.

Namaz abdesti almadan evden çıkmamayı âdet haline getirmek çok güzel bir alışkanlık... Bu yüzden tüm işlerimde, her sorunlu işimde Allah bir kolaylık sağlıyor. Ummadık yerden kapılar açıyor.

Abdestli ve Allah'tan gelecek ikramlara açık olarak evden çıkmanın o kadar çok faydalarını gördüm ki... Burada anlatsam kitaba sığmayacak; fakat bir tanesini paylaşmak isterim.

Bir mahkemem vardı ve karşı taraf tamamı yalan dilekçe ile benden tazminat istiyordu. Dilekçeyi avukatım bana okuttuğunda bu kadar yalanı bir arada görmemiştim. İftiraya her zaman uğramıştım, alışkındım, fakat bu farklı bir suçlamaydı. Hakkım alınıyordu ve ben Allah'ın adaletine sığındım.

Biliyordum ki Allah'ın adaletine sığınanlar asla mağdur olmazlar.

Mahkeme günü geldi. Alnım ak, kalbim Allah'ın ikramına açıktı. Ve mahkemede karşı tarafın ne avukatı ne de davacı ortadaydı. Mahkemede sadece biz vardık ve hâkim davayı düşürdü.

Dava kapanmıştı... Bakar mısınız Allah'ın hikmetine; yüce Allah, vekilim Allah beni yine korumuştu. Bir avukat asla mahkeme gününü unutmaz, davacı da öyle... O günü bilir. Aylar öncesinden haberleri olmaktadır. Fakat unutana bakmıyoruz burada, unutturana bakıyoruz!

Evet, Rabbim mahkemeyi karşı tarafa ve avukatına unutturmuştu. İlahi adalet yerini bulmuştu. Hamd olsun her şeye şahit olan Allah'a.

O kadar mutluydum ki... Davanın düşmesine değil, Allah'ın benimle olmasına... Hayatımda hiç bu kadar mutlu olmamıştım.

İşte tüm bunlar Rabb'imizin bize olan ikramlarıdır. Benim tek yaptığım tevekkül (samimi bir yaklaşım) ile adaletin sahibi Allah'a sığınmaktı. Bu yüzden her olayı, her haksızlığı mağdur olmadan atlattım çok şükür.

Tüm niyetim senin de Allah'ın adaletine sığınmandır. Bunları bir övünme olarak anlatmıyorum, Allah biliyor ki; senin huzurlu olmana, yüzünün ve kalbinin gülmesine vesiledir tüm niyetim.

Ey karanlıktan gündüzü çıkaran, aydınlığı da karanlık
ile kaplayan Rabbim.
Senin gücün her şeye yeter.
Cemalini göreceğimiz amelleri bize sevdir.
Senin razı olduğun kullarının arasına kat bizi.
Biz kendimizi bıraktığımızda, sen bizi bırakma.

HUZURUN YOLU ALLAH'A SIĞINMAKTIR

Yüce Rabb'imiz, tek dostumuz, velimiz Allah buyuruyor ki:

"Bir kulumun başına bela gelip de bana sığındığı zaman daha o benden istemeden ben ona istediğini veririm. Bana dua etmeden icabet ederim!

Fakat bir kul başına bela geldiğinde bana değil de yarattığım kullardan birine sığınırsa; ona karşı göklerin bütün kapılarını kapatırım!"

Bakar mısın Allah'ın kelamına?

"Kulum gelip de bana sığındığı zaman, daha o benden istemeden ben ona veririm..."

Tekrar tekrar okumanı istiyorum, kalbine yazmanı diliyorum.

Az önce söz ettiğim gibi Allah'tan gelecek ikramlara açık olarak nefes aldığımız her an sığınma durumundayız. Sen istemeden Allah sana veriyor. Biz istediğimiz zaman vermiyorsa, demek ki istemeyi bilmiyoruz öyle değil mi?

Halbuki sığındığımızda istemeden de veriyor Rabb'imiz. Aklıma mahkeme olayım geldi. Ben, "Allah'ım bu mahkemede hakkımı ortaya çıkart" diye dua etmemiştim. Sadece tevekkül ederek Allah'a sığınmıştım ve O istemeden vermişti. İşte bunu anlatmak istemiştim az önce sana.

Sığınmak... O kadar önemli ki, hayatımızın en büyük parçalarından biri olmalı bu. Çünkü dikkat ederseniz Kuran bize sığınmayı öğretiyor.

Evet, burası çok önemli, şimdi sana belki de hiç dikkat etmediğin bir şeyi hatırlatmak istiyorum. Kuran-ı Kerim'e besmele ile başlarız öyle değil mi:

"Kovulmuş şeytanın şerrinden Allah'a sığınırım. Rahman ve Rahim olan Allah'ın adı ile başlarım."

İlkönce sığınıyoruz. Allahü Teâlâ bize sığınmayı öğretiyor. Peki, Kuran hangi sure ile bitiyordu?

Evet, Kuran-ı Kerim, Nas Suresi ile bitiyor.

Hatırlayalım mı tekrar:

"De ki: Cinlerden ve insanlardan; insanların kalplerine vesvese veren sinsi vesvesecinin kötülüğünden, insanların Rabb'ine, insanların Melik'ine, insanların İlah'ına sığınırım."

Biz Allah'a sığındığımızda da ilahi adalet her zaman tecelli eder. Demek ki adalet beklemek için tüm kalbimizle Rabb'imize sığınmamız gerekiyor.

İlk adım sığınmak, ikinci adım güzelliklere kalben açık olmaktır.

Bakın sevgili Peygamberimiz Hz. Muhammed,(sav) Rabbim bunu bana ver, bunu böyle yap, şunu şöyle yap diye isteklerde bulunmazdı. Bundan önceki kitabımızda biraz değinmiştim bu konuya ama genişlik vermek istedim, çünkü hâlâ eksiğimiz olduğunu görüyorum. Şimdi sevgili Peygamberimizin(sav) nasıl sığındığına tekrar şahit olalım mı? Aynı zamanda bu sığınmalarla sen de Allah'a yakarabilirsin. Hayatının değiştiğine inşallah şahit olacaksın:

"*Allah'ım! Kederden ve üzüntüden, âcizlikten, tembellikten, cimrilikten, korkaklıktan, borç yükünden ve insanların kahrından sana sığınırım.*" (Ebu Davud, *Salat* 367)

"Dayanılamayacak dertten, insanı helake götürecek talihsizlikten, başa gelecek fenalıktan ve düşmanı sevindirecek felaketten Allah'a sığınınım." (Buhari, *Deavat* 28, *Kader* 13; Müslim, *Zikir* 53; Nesai, *İstiaze* 34, 35)

"*Allah'ım! Âcizlikten, tembellikten, cimrilikten, ihtiyarlayıp ele avuca düşmekten ve kabir azabından sana sığınırım. Allah'ım! Nefsime takva nasip et ve onu her türlü günahtan temizle; onu en iyi temizleyecek sensin. Ona yardım edip eğitecek sadece sensin. Allah'ım! Faydasız ilimden, ürpermeyen gönülden, doyma bilmeyen nefisten ve kabul olunmayan duadan sana sığınırım.*" (Müslim, *Zikir* 73; Nesai, *İstiaze* 13, 65)

"*Allah'ım! Gam ve kederden, âcizlikten, tembellikten, cimrilikten, korkaklıktan ve insanların zulmünden sana sığınırım.*" (Tirmizi, *Deavat* 75; Buhari, *Deavat* 36)

"*Allah'ım! Fakirlikten sana sığınırım, darlık ve zilletten sana sığınırım, zulmetmekten ve zulme uğramaktan da sana sığınırım.*" (İbn Mace, *Dua* 78; Ebu Davud, *Salat* 367)

"*Allah'ım! Delilikten, cüzam hastalığından, alaca hastalığından ve her türlü kötü hastalıktan sana sığınırım.*" (Ebu Davud, *Salat* 367)

"*Allah'ım! Kötü günden, kötü geceden, kötü saatten, kötü arkadaştan, evimin yakınındaki kötü komşudan sana sığınırım.*" (Taberani)

Evet, bunlar sadece birkaçı... Gördüğümüz gibi Peygamberimiz, gerek hastalıktan, gerek kederden, gerek rızık konusunda, kısacası her kaygılandığı durumdan Allah'a sığınmış ve emin olmuştur.

Kul âciz olduğunu idrak ederek Allah'a sığındığında Allah, Aziz sıfatı ile tecelli eder. (Mağlup edilmesi mümkün olmayan, galip anlamındadır: El Aziz.)

Biz her zaman mağlup olabiliriz, bizim gücümüz ve kudretimiz yok, güç ve kudret sahibi yalnız Allah'tır. Ve bu bilinçle sığınış Allah'ın ikramlarına kavuşmayı getirir.

Maalesef *kişisel gelişim* denilen bir furya var ortada; Amerika'nın empozesi, bizi tamamen Allah'tan uzaklaştırmaya, tevekkülden kopartmaya kurulu.

Bizim kişiliğimizin değil, *ruhumuzun* gelişmesine ihtiyacımız vardır. Kişisel gelişim kula güçlü olmayı motive eder, tabirimi maruz görün, açıkça gaz verir. Sen yaparsın, senin elinden her şey gelir, sen başarırsın, sen bunun da altından kalkarsın gibi motive cümleleri ile kişiye benlik yüklenir.

Bakar mısınız lütfen? Biz benliği bırakmaktan yanayız. Yunus Emre, "Çıkart benliği aradan, zaten orada Yaradan" diyerek aslında Allah ile bir olduğumuzu, sadece benliğin aramıza bir duvar ördüğünü ifade etmemiş miydi?

Biz ne yapıyoruz? Biz her şeyi kendi başımıza halledebileceğimiz konusunda koşullandırılmışız!

İşte kişisel gelişimin yaptığı tam olarak budur. Oysa sevgili Peygamberimiz –bakın bir Peygamberden söz ediyoruz– Taif'te taşlandığında ne diyordu biliyor musunuz:

"Allah'ım güçsüz ve çaresizim. Hiçbir kudretim ve kuvvetim yoktur. Ben kudret ve kuvvet sahibi Allah'a sığınırım."

Bir de bize bakın. Ben yaparım, ben ederim... Yahu sen kimsin? Ben kimim? Ne yapıyoruz kendi başımıza?

Oturup bir de bize olumlama denen güzel sözleri veriyorlar, neymiş hayatımız değişecekmiş!

Kişisel gelişim sana diyor ki, mutluyum de mutlu olacaksın. Sağlıklıyım de sağlık gelecek. Zenginim de zengin olacaksın. Her şey hayatımda istediğim gibi gidiyor de her şey güzel olsun. Diyor da diyor...

Vallahi çok üzülüyorum. Uyutuluyoruz.

Oysa biz dua etmeyi öğrendik. Duanın içinde tevekkülü öğrendik. Yani bir şeyi Allah'tan istemeyi...

Madem hastasın bizler el açarız ve Allah'ın Şafi ismine sığınarak yakarırız. Öyle sağlıklıyım diye tekrar tekrar mırıldanarak sağlık gelmez.

Borcumuz mu var? Yine el açarız ve Allah'ın Rezzak ismine sığınırız öyle değil mi?

Derdimiz mi var el açar ve "Ya Fettah!" deriz, Allah'tan hayırlı kapılar açmasını bekleriz.

Sonra elimizi yüzümüze sürer "Âmin!" deriz. İşte ruhsal gelişim budur. Öyle oturduğun yerde olumlama ile bir şey olmaz. Allah ol demeden kul kendi iradesi ile ne yapabilir?

İşte bu empoze bizi Allah'tan uzaklaştırdı. Her şeyi kendi başımıza yapmaya kalktık.

Bir çocuğu düşün. Küçük bir çocuk şimşek çakarak gök gürüldediğinde korkudan hemen annesinin yanına koşar değil mi?

Annesinin yanına yatar, ona sarılır, artık korkusundan emindir ve mışıl mışıl güven içinde uyumaya başlar. İşte bunun adı tevekküldür. Çocuk annesine tevekkül etmiştir. Annesinin kendisini koruduğunun farkındadır. Bir gram şüphesi yoktur.

Tam tevekkül işte budur. Annesinin olası bir kötü durumda yavrusunu koruması imkânsızdır. Ama çocuk tam güven içinde annesine yaklaştığı için bu konuda endişe duymaz. Annesinin yanında yatmak o çocuğa yeter.

Biz de ne derdimiz, ne korkumuz, ne sıkıntımız olursa olsun tıpkı küçükken olduğu gibi, o çocuksu saf masumiyetimiz ile Allah'a sığınırsak, Allah da bizi her sıkıntımızdan emin kılarak rahata, huzura, sağlığa ulaştıracaktır. İnşallah...

Allah ile yola çıkan
yolda mı kalırmış?

Ne başarılı, ne de motivesi yüksek olan ayakta kalır. Sadece her şeyi ayakta tutan Kayyum olan Allah'a sığınan ayakta kalır.

ALLAH İLE DERTLEŞ

Allah ile dertleş. Çünkü Allah, kendisi ile dertleşen, başına bir sıkıntı geldiğinde hemen kendisini anan samimi kullarını çok sever. Ona ikramlarda bulunur. Onu ilahi rahmetiyle sarar ve kucaklar.

Tıpkı annemiz gibi... Bazı sıkıntılar yaşadık, annemizle dertleşmeye gittik. Annemiz bizi güzelce dinler, derdimize derman olmaya çalışır, yüreğinden ne geliyorsa bu uğurda yapar. Hatta bize en güzel ikramlarda bulunur öyle değil mi?

Yemekler yapar, masalar hazırlar. Bize en güzel şekilde bakar anamız. Yavrum gelmiş dertli, derdini benimle paylaşmış. Bana sığınmış, beni kendisine yakın görmüş diye gönlü hoş olur. Böylesi sıkıntılı bir durumda yavrusunu yanında görmek bir anneyi huzurlu eder.

İşte bizim tek dostumuz yüce Rabb'imiz olan Allah da kulunun kendisine el açıp, gönül açıp yalvarmasını çok sever. Kulum derdiyle buluşur buluşmaz hemen beni andı; derdini, sıkıntısını nasıl da bana duyurmaya çalışıyor, benden çözümler bekliyor, gece gündüz nasıl da bana dualar ediyor diye bundan hoşlanır.

Hz. Mevlana *Mesnevi*'de çok güzel anlatıyor kulun Allah ile dertleşmesini:

Nice kişiler vardır ki ağlayarak, sızlanarak dua ederler, bu dua gökyüzüne kadar yükselir. Bunun üzerine melekler Allah'a yalvarırlar:

"Ey her duayı kabul eden yüce Rabb'imiz. Mümin kulun yalvarıp yakarıyor; sadece sana güvenip dayanıyor. Başkasına güvenmiyor. Senden başka da hiçbir varlık tanımıyor. Sen ki seni tanımayanlara bile nice ihsanlarda bulunursun, neden bu kulunun dileğini vermiyorsun?"

Allahü Teâlâ meleklere buyurur:

"Mümin kuluma dileğini vermede gecikmem, onu suçlu ve hor gördüğüm için değildir. Onun arzusunu geciktirmemde ona bir lütuf, bir yardım vardır, ona yarar vardır.

Onun benden istediği şey o kulumu gafletten uyandırdı. Beni düşünmez hatırlamazken ihtiyacı onu aldı, saçından tuttu çeke çeke huzuruma getirdi. Benimle dertleşir kıldı. Bana yakın kıldı. Onun ihtiyacını giderir, duasını kabul edersem yine beni unutur da döner çocuklar gibi oyuna dalar.

Gönülden ve candan yalvararak kalbi kırık, gönlü yaralı, içi yanarak, ağlayıp inleyerek, ey Allah'ım diye yalvarıyor sızlanıyor ama onun inleyip sızlanması, ya Rabbi, ya Rabbi diye seslenmesi, derdini dökmesi, sırlarını söylemesi bana çok hoş geliyor.

Yalvararak, dil dökerek, başından geçenleri anlatarak, kendini haklı göstererek, her türlü çareye başvurarak beni kandırmaya, inandırmaya çalışıyor.

Dudu kuşlarını, bülbülleri güzel sesleri nedeniyle kafese koyarlar. Fakat baykuşu kim kafese koyar? Böyle bir şey hiç görülmemiş, işitilmemiştir. İşte müminlerin iyi olsun kötü olsun duasının geç kabul olması bu yüzdendir."

Evet, hayata gönlü ile bakanlar bu iletişimi, bu sıcaklığı hisseder, bilir. Hz. Mevlana, Allah dostu olan o yüce yürekli kul da ne güzel ifade etmiş:

"Peygamberimiz buyurdu ki: Allah bir kulunu severse, yalvarmasını dinlemek için onu sıkıntıyla sınar." (Beyhaki, *Şuabül İman*)

Artık sen de veli kullar gibi bakıyorsun sıkıntıya, derde, acıya... Artık biliyorsun ki Allah dertliyi sever...

Allah'a el açıp, "Ya Rabbi,
bak bunlar benim dertlerim"
demek kadar huzur verici bir şey yoktur.

Dertler sadece sana verilen hediyenin yanındaki refakatçidir. Bak Allah sana hediye vermiş, şayet sen hamd edersen hediyen açılacak ve önüne serilecektir. Sıkıntı, dert sünnettir. Peygamberimizin(sav) mirası, Allah'ın ikramıdır. Elhamdülillah.
Sıkıntının içinde aklın ermediği gizli hazineler saklıdır. Kul bu hakikatin sırrına erse dertsiz geçen her gününe üzülürdü.
Allah senin kendine yakarışını çok seviyor.
Kulum benimle dertleşiyor diye seviniyor.
Bak derdine gördün mü bir anda neşe oldu, derdin üzerindeki diken bile güle döndü.
Allah'tan dert gelmiş hadi koş karşıla, onu hoş karşıla. Kulum imtihanına güle oynaya girdi desin.
Ey vicdanlı kul! Düşünsene dert sana Rabb'inden geliyor, Allah sana tenezzül etmiş.
O derdin üzerinde arşın kokusu, meleklerin de nuru var. Söylenmeyi bırakıp derde derin derin bak da içindeki rahmeti gör ve o rahmetle sarmalan.
O rahmet iliklerine işlesin.

ALLAH DERTLİYİ SEVER

İran'da yaşamış velilerden Ebu İshak Şirazi hazretleri bir gün sevdikleriyle sohbet ediyordu ki:

"Allahü Teâlâ bir kulunu severse, ona iki nimet verir" diye buyurdu.

Sordular:

"O iki nimet nedir efendim?"

Allah dostu buyurdu ki:

"Birincisi, sevdiği bir kulunu tanıtır ona. Yani hakiki bir İslam âlimini, Allah dostu bir veliyi tanıtır ve sevdirir.

İkinci nimet, hayırlı bir iştir. Yani insanların dünyasına veya ahiretine faydası olan bir işte çalıştırır o sevdiği kulunu."

Sordular:

"Daha çok severse efendim?"

"O zaman dert ve bela verir ona."

Şaşırdılar:

"Sevdiği kula mı dert bela verir efendim?"

"Evet ama onlar dertleri nimet bilir kimselerdir. Derdü belayı, kemende benzetmişlerdir. Cenabı Hak, bu kementle tutup kendine çeker sevdiklerini."

Yine bir gün Hz. Musa(as) soruyordu Allah'a:

"Allah'ım, mümin kulun sana itaat ediyor ve günahlardan uzak kalıyor. Böyleyken, dünya nimetlerinden mahrum oluyor ve çeşitli belalara uğruyor.

Buna karşılık, sana itaat etmediği halde hep günah işleyen kulun, dünya ayakları altına seriliyor?"

Allah, Hz. Musa'ya(as) şöyle buyurdu:

"Kullar da belalar da benimdir. Her ikisi de bana hamd ederek, beni noksan sıfatlardan tenzih eder.

Mümin arada bir günah işleyince; bu günahına kefaret olsun diye, dünyada onu mahrumiyete düşürür ve başına bela veririm ki huzuruma geldiğinde kendisine iyiliklerin mükâfatını vereyim. Kâfir kötülük işleyince; ahrette huzuruma geldiğinde işlediği kötülüklerin cezasını kendisine vermek için dünyada belaları ondan uzak tutar ve dünyalığını bol veririm."

Bazılarımız kendi kendine söylenir ya hani, "Allah'ım niye bu kadar derdi bana veriyorsun? Oysa ben sana hep dua ve iman ediyorum. Ama etmeyenler bak daha mutlu" diye. İşte tam olarak sebebi budur. Sana dert verdiği, seni çok sevdiği anlamına gelir. Dünyalık bakarsan üzülürsün, sen ahretlik yani hakikat gözüyle bak ki sevinesin.

Peygamberimiz buyurmuştur ki:

"Allahü Teâlâ bir kulunu severse ona bela verir." (Taberani)

Yani, onun sevgiye layık olup olmadığını ortaya çıkarmak, samimiyetini görmek için çeşitli bela ve musibetlerle imtihan eder.

Bu imtihan hastalık, rızık, ilişkiler konusunda olabilir. Hastalık ve ilişkiler sabırla; rızık konusunda imtihanımız ise şükürle kazanılır.

İnsanların yürekleri sevdikçe ve acı çektikçe büyür, ruhları olgunlaşır, Allah katında da makamı ve derecesi yükselir. Bakar mısın ey güzel insan! Biraz derin bak, kaybettim diye üzülürken aslında kazandığını göreceksin.

Terk edilip hakkın alındığında Allah sana sabır gönderir. Sabrı senin için yaratmıştır. O sabır senin kararmış yüreğine ışık tutar. Senin derecen kat kat yükselir, hakkını alan ise kat kat alçalır.

Allah dertliyi sever.

Ey derdine yanan kul! Rabb'inin
"Ben kuluma kâfiyim, yeterim" nidasını duymadın
mı hiç? O halde bu tasan kederin niye? Allah seni
bir elmas gibi yarattı, dert ve tasayı ise cila olarak...
İzin ver de cila seni parlatsın, nurlandırsın.
Bazı insanlar bu hayatı size cennet de edebilir,
cehennem de. Hayırsız olandan Allah'a sığınanlar
ise Rabb'i tarafından koruma altındadırlar.
Ben ki hiç umudumu kesmedim.
En kötü günümde, dilimde sadece iki kelime:
Allah büyüktür.

Niye zorluyorsun güzel insan!
Bu sıkıntılar bu dertler hayatın özü aslında.
Allah'ın hangi sevdiği kulu dertsiz yaşamış?
Hangi Peygamberimiz sefa etmiş?
Sen geçici olana bu kadar üzülmek yerine sevin,
Allah dertliyi çok seviyor,
ikramını cennetinde verecek.
Ey dertli kul! Derdin kıymetini bil.
O olmasa susup kalacaksın.
Dert seni Allah'a yöneltti, seni ilahınla buluşturdu.
Biraz derin bak ve her belanın, musibetin üzerinde
şu yazıyı gör: "Ben derdim, senin makamını
yükseltmeye geldim. Sana ecirler getirdim.
Sen benden razı ol ki Allah da senden razı olsun."

Dert zararlı olsaydı Peygamberlerimize gelmezdi,
derdin içinde ne vitaminler var ruhuna
iyi gelecek ve şifa olacak...
Sıkıntı, seller gibi gökyüzünden üzerine düştüğünde
sakın şemsiye açar gibi korunmaya çalışma.
Bırak o derdin içindeki rahmet başına düşsün.
Gövdene değsin. Sen Hak yoluna başını
koyduğunda göreceksin ki:
Yüce Rabb'in kahrı da lütfu da hoştur.
Ey derdim var karanlıktayım diye sızlanan kul!
Allah karanlıkta olan kullarını nuruyla nurlandırır.
Sıkıntı olmasa o nura nasıl erişirdin?
Rabbim seni hiç duymaz olur mu?
Yaşadığın sıkıntı makamını yükseltiyor ve kendine
yaklaştırıyor diye duana cevabı bilerek geciktiriyor
sadece. O ne güzel dosttur. İmtihan ederken bile
bizi düşünüyor.

ALLAH SENİ KORUR

Evet, Allah bizi daima koruyor, bize seçim hakkı vermiş, hayatımıza girenleri biz seçiyoruz ama zarar gördükçe Allah bizim yerimize, cüzi, yani sınırlı irademize rağmen, bizi o kadar çok seviyor ki canımızı yakanı hayatımızdan çıkartabiliyor.

Sevdiğim bir sözüm vardır: "Allah bazen hayırsız olanı hayatından çıkartır, yerine daha hayırlısını vereceği için."

Fakat biz bunun hiç farkına varamıyoruz. Çoğu zaman o kadar dua ediyoruz ama Allah bizi umursamıyor diye düşünen danışanlarım var. Oysa Allah, İsra Suresi 11'de neden her duaya cevap vermediğini kullarına buyurarak anlatıyor:

"İnsan, hayrı ister gibi şerre davet çıkarıyor; insan çok acelecidir!"

Muhakkak ki Allah doğruyu söyledi.

Evet, yani Rabb'imiz kullarını çok iyi tanıdığı için bu ayette bizleri uyarıyor. Diyor ki:

"Kulum sen bana dua ediyorsun, belki giden, seni terk eden eşini tekrar eve getirmek için bana yalvarıp yakarıyorsun.

Ama bilmiyorsun ki kulum o insan hayırsız. O insan

zararlı, o insan seni mutlu edemez, etmedi de. Sana zarar verdi hep. Ama hâlâ hayır olduğunu sanarak o kişinin sana geri gelmesini benden istiyorsun. Kulum sen apaçık şerre dua ediyorsun.

Kulum acele etme... Biraz daha bekle... Ben senin bu duana cevap vermiyorum, bu seninle ilgilenmiyorum anlamına gelmiyor, aksine, sana sevaplar, ecirler veriyorum. O kulu senden uzak tutarak, sana geri gelmemesini sağlayarak seni sağlıklı tutuyorum.

Eğer duana cevap versem o kulum seni hasta edecek, kanser edecek, senin psikolojini-dengeni bozacak. Oysa ben senin bu sıkıntılara maruz kalmanı istemiyorum, sana daha hayırlı olanı vereceğim."

Evet, tam olarak böyle... Şimdi daha iyi anladık mı? Uyandık mı? Tabii şeytana kalsa hemen bizi yoldan çıkartmak, isyana hazırlamak için Allah seni duymuyor, ilgilenmiyor diye vesvese yapardı.

Oysa seçtiğimiz o insanı bile biz kendi hayatımıza kendimiz sokmuştuk. Sonra mutsuz olunca hâşâ Allah'ı suçlamaya başlamıştık. Hep mutsuzum, bu nasıl kader diye isyanlara düşmüştük.

Enfal Suresi 51'i hatırlamanı isterim:

"İşte bu ellerinizle yaptığınız yüzündendir, yoksa Allah kullarına zulmedici değildir."

HAMD ETMEK
SANA HEDİYENİ GETİRECEKTİR

Evet, şimdi hamd etme zamanı. Az önce de paylaştığım gibi:

Dertler sadece sana verilen hediyenin yanındaki refakatçilerdir. Bak Allah sana hediye vermiş, sen hamd edersen hediyen açılacak ve önüne serilecektir.

Nisa 147'de Allah buyuruyor, adeta Rabb'imiz hamd ile gelecek huzuru müjdeliyor kullarına:

"Eğer şükreder ve iman ederseniz Allah size niçin azap etsin? Allah, şükredenlerin mükâfatını veren ve her şeyi bilendir."

Demek ki sorun bizim hamdımızın, şükrümüzün eksikliğinde. Daha önce de sana hamd hakkında yazmıştım, biraz açmak istedim sadece.

Sıkıntı geldiğinde, dert gelip seni bulduğunda ilk yapman gereken bunu bir paket olarak görmendir. Dert hiçbir zaman tek başına gelmez. Mutlaka yanında sana özenle hazırlanmış bir mükâfat vardır. O paketin içinde sadece dert yoktur. Sen göremiyorsun ama o pakette çözüm ve hayırlı şeyler de vardır.

Bu mükâfatı, yani sorunun yanında gelen ikramı da sadece hamd ederek elde edebilirsin.

O halde başımıza ne gelirse gelsin, o an Allah'ı hissederek kalben elhamdülillah diyelim. Rabbim bu sıkıntı senin katındandır, bu bir imtihandır. Yüce Mevla'mız bana tenezzül etmiş ve imtihana tabi tutmuş, Allah en iyisini bilir diyelim.

Bakın bundan sonra neler olacak. Şayet bunu kalben yaptığında göreceksin, hayatının olumlu yönde değiştiğine şahit olabilirsin.

Nisa 147'yi tekrar anımsa... "Ben şükredenlerin mükâfatını veririm" diyor Allah sana. O halde bize düşen güzelce bir şükürdür. Çok temiz saf bir hamddır.

İsyan etmek şeytani
hamd etmek ise
rahmanidir.

KAHRIN DA HOŞ, LÜTFUN DA HOŞ

Allah kullarının her zaman hayrını ister, biz gönül gözü ile bakmadığımız için bunu göremeyebiliriz. Allah kullarını çok sevendir, seni bu kadar çok sevmese niye senin derdine kulak vermek istesin? Derdini kendisine anlatman niye kendisine hoş gelsin?

Tevekkül sahibi insanlar kahrın içinde lütfu da görürler. Sadece kahrına odaklanmazlar. Bilirler ki Allah sıkıntının, derdin, kahrın yanında kullarına bir lütuf ikram etmiştir.

Bu yüzden hamd ederek ikrama odaklanan insanlar hediyesini, derde odaklanan üzüntüyü sahiplenir.

Sevdiğim bir kıssa vardır. Bunu yakında vizyona girecek olan *Allah De Ötesini Bırak* isimli sinema filminde de paylaştık. Sizinle burada da paylaşmak isterim:

Yaşlı kadın, bir antikacıdan aldığı asırlık fincanı özenle salon vitrinine yerleştirdi. Fincanın biçimi, üzerindeki işlemeler, renkler onun bir sanat eseri olduğunu söylüyordu. Ödediği fiyatı hatırladı; hayır, hiç de pahalıya almamıştı.

Hayranlıkla fincanı seyretmeye devam etti. Derken, birden fincan dile geldi ve kadına şöyle dedi:

"Bana hayranlıkla baktığının farkındayım. Ama bilmelisin ki, ben daha önce böyle değildim. Yaşadığım sıkıntılar beni bu hale getirdi."

Kadın şimdi hayret içindeydi. Önündeki kahve fincanı konuşuyordu!

Kekeleyerek, "Nasıl? Anlayamadım?" diyebildi yaşlı kadın.

"Demek istiyorum ki, ben bir zamanlar çamurdan ibarettim ve bir sanatkâr geldi. Beni eline aldı, ezdi, dövdü, yoğurdu. Çektiğim sıkıntılara dayanamayıp, 'Yeter! Lütfen dur artık!' diye bağırmak zorunda kaldım.

Ama usta sadece gülümsedi ve 'Daha değil!' diye cevapladı beni.

Sonra beni alıp bir tahtanın üzerine koydu. Burada döndüm, döndüm, döndüm. Döndükçe başım da döndü. Sonunda yine haykırdım:

'Lütfen beni bu şeyin üzerinden kurtar. Artık dönmek istemiyorum!'

Ama usta bana bakıp gülümsüyordu:

'Henüz değil!'

Derken beni aldı ve fırına koydu. Kapıyı kapayıp ısıyı yükseltti. Onu şimdi fırının camından görebiliyordum. Fırın gitgide ısınıyordu. Aklımdan şöyle geçiyordu: 'Beni yakarak öldürecek!'

Fırının duvarlarına vurmaya başladım. Bir taraftan da bağırıyordum:

'Usta' Usta! Lütfen izin ver buradan çıkayım!'

Camdan onun yüzünü görebiliyordum. Hâlâ gülümsüyor ve 'Daha değil!' diyordu.

Bir saat kadar sonra fırını açtı ve beni çıkardı. Şimdi rahat nefes alabiliyordum, fırının yakıcı sıcaklığından kurtulmuştum. Beni masanın üstüne koydu ve biraz boyayla bir fırça getirdi. Boyalı fırçayla bana hafif hafif dokunmaya başladı. Fırça her tarafımda geziniyor ve bu arada ben gıdıklanıyordum.

'Lütfen usta! Yapma, gıdıklanıyorum!' dedim. Onun cevabı ise aynıydı: 'Henüz değil!'

Sonra beni nazikçe tutup yine fırına doğru yürümeye başladı. Korkudan ölecektim. 'Hayır! Beni yine fırına sokma, lütfeeen!' diye bağırdım.

Fırını açıp beni içeri iteleyip kapağı kapattı. Isıyı bir öncekinin iki katına çıkardı. 'Bu sefer beni gerçekten yakıp kavuracak!' diye düşündüm. Camdan bakıp ona yine yalvardım, ama o yine 'Daha değil!' diyordu. Ancak bu defa ustanın yanaklarından bir damla gözyaşının yuvarlandığını gördüm.

Tam son nefesimi vermek üzere olduğumu düşünüyordum ki, kapak açıldı ve ustanın nazik eli beni çekip dışarı çıkardı. Derin bir nefes aldım, hasret kaldığım serinliğe kavuşmuştum. Beni yüksekçe bir rafa koydu ve şöyle dedi:

'Şimdi tam istediğim gibi oldun. Kendine bir bakmak ister misin?'

Ona evet dedim.

Bir ayna getirip önüme koydu. Gördüğüme inanamıyordum. Aynaya tekrar tekrar baktım:

'Bu ben değilim. Ben sadece bir çamur parçasıydım.'

'Evet bu sensin!' dedi usta. 'Senin acı ve sıkıntı diye gördüğün şeyler sayesinde böyle mükemmel bir fincan haline geldin.

Eğer sen bir çamur parçası iken üzerinde çalışmasaydım, kuruyup gidecektin.

Döner tezgâhın üstüne koymasaydım, ufalanıp toz olacaktın.

Sıcak fırına sokmasaydım, çatlayacaktın.

Boyamasaydım, hayatında renk olmayacaktı.

Ama sana asıl güç ve kuvveti veren ikinci fırın oldu.

Şimdi arzu ettiğim her şey var üzerinde.'

Ve ben kahve fincanı, şu sözlerin ağzımdan çıktığını hayretle fark ettim:

'Ustam! Sana güvenmediğim için beni affet!

Bana zarar vereceğini düşündüm.

Beni benden fazla sevip iyilik yapacağını fark edemedim.

Bakışım kısaydı, ama şimdi beni harika bir sanat eseri yaptığını görüyorum.

Benim sıkıntı ve acı diye gördüğüm şeyleri bana verdiğin için teşekkür ederim...

Teşekkür ederim.' "

Usta fincanı, Allah ise insanı şekillendirir.
Yeter ki acıdaki hayrı görelim.

Kahrın da hoş, lütfun da hoş dediğimizde ise "ilahi Aşk" bizi bulacaktır.

Nedir bu tasan bu acelen?
Allah'ın dediği olur bunu biliyorsun da
yoksa tevekkül mü etmiyorsun?
Özrün kabahatinden büyük!
Şimdi derin bir nefes al ve Rabb'ine sığınarak de
ki: "Ya Rabbi ben sığınanım, sen ise verensin.
Rahmet et ki bu âciz kulun muradına ersin."

ŞEYTANIN TEK GÜCÜ VE SİLAHI: VESVESE

"Andolsun, insanı biz yarattık ve nefsinin ona verdiği vesveseyi de biz biliriz."

– Kaf 16

Şeytanın gücü dedim aslında şeytanın üzerimizde bir gücü de yok ya... Sadece onun vesvesesi var. Yani fısıltısı... Şeytan bizim nefsimizi ele almış ve onun üzerinden bize takıntılar yaptırmakta. Sıkıntılarımızı sürekli hatırlatmakta... Yani güçlü olan aslında nefsimiz. Biz de biraz sonra nefsimizi eğiteceğiz inşallah...

Onunla nefsim üzerinden konuşmalarım oluyor. Herkesin bir şeytanı var evet ve tüm verdikleri vesveseler genelde aynı. İnsanlara hep aynı tuzağı kuruyorlar.

Kitabımızı yazarken çok zorluyor beni. Yazmamam için türlü bahaneler sunuyor. Biliyor ki bu kitap binlerce insanın inşallah hayrına olacak.

Bu yüzden aşkla, sevgiyle gece gündüz zaman fark etmiyor, Allah ilham ettikçe yazmaya çalışıyorum.

Birazdan onun bana anlattıklarını, kulu nasıl yoldan çıkardığını, hangi yolu ve cümleleri kullandığını duyduğunda sana da eminim yabancı gelmeyecektir söyledikleri...

En çok da hakkı alınmış, aldatılmış insanlara vesvese veriyor, biliyor ki Allah o insanın derecesini yükseltmiş.

Biri aldatıldığında ne dersin diye sorduğumda, nefsim aracılığı ile cevap veriyor:

"Hemen ona sol kulağından üfler ve geçmişe götürürüm, yaşadığı olayı, duyduğu ağır sözleri tekrar tekrar kendisine hatırlatırım. 'Bak aldatıldın, onun her zaman yanında oldun ama o seni aldattı. Sen artık hiçbir zaman mutlu olamazsın. Bu senin kaderin... Sen suçlusun, sen değersizsin. Kimse zaten seni sevmiyor. Sen ailene layık değilsin. Allah seni sevmiyor. Yalnızsın, yapayalnız kalacaksın. Ailenin yüzünden böylesin' diyerek sinirlerini ve ruh dengesini bozmaya çalışırım.

Sonra onu isyana götürmek için, 'Bak Allah seni duymadı, boşuna dua ediyorsun, hangi duana bugüne kadar cevap verdi ki?' diyerek de kulu isyana sürüklerim."

"Bunu neden yapıyorsun?" dedim.

"Çünkü ben Allah'ın sevdiği kulları yoldan çıkartmak için çalışıyorum. Benim tüm amacım bu" dedi.

"Peki, Allah'ın sevdiği kullar kim?" diye sordum.

"O kullar merhametli, vicdanlı, kendinden çok başkasını düşünen, saf ve temiz kalpli ve hakkı alınmış insanlardır" dedi.

"Kimleri depresyona sokmaz ve bunaltmazsın?" dedim.

"Fitne fesat, gaddar insanlar, vurdumduymaz insanlar zaten benim yolumdadır, onlarla uğraşmam" dedi.

"En çok kimlerle uğraşmak hoşuna gidiyor?" dedim.

"Mükemmeliyetçi insanlarla uğraşırım" dedi.

"Niye, onların özelliği nedir?"

"Çünkü mükemmeliyetçi insanlara ulaşmam, onlara vesvese vermem daha kolay."

"Nasıl kolay?"

"Kul her şeyi dört dörtlük eksiksiz yapmak istediğinde Allah'ın bu çok gücüne gidiyor. Rahmet ve koruma o kulun üzerinde azalıyor. Çünkü ben bile biliyorum ki Sübhan olan, eksikten münezzeh olan Allah. Fakat kul bu idraki unutup her şey kendi elindeymiş gibi hareket ediyor."

"Peki, Allah'ın rahmeti o kulun üzerinden eksildiğinde nasıl bir oyun oynuyorsun?" diye sordum bu kez.

"Onlara evham yaptırarak kendime kulluk ettiriyorum!

Mesela, boy abdesti almak istediklerinde onlara çeşitli yerlerine su değmedi abdestin olmadı diyerek tekrar tekrar abdest aldırırım, böylece o kul bana abdest almış olur. Su israf eder. Kendime kulluk ettiririm.

Bazen de ellerini yıkamak istediklerinde o kula; bak koluna su sıçradı dirseklerine kadar yıka diye vesvese veririm. Kul beni dinleyip ellerini dakikalarca yıkar ve yine bana itaat etmiş olur.

Halbuki dediğimi yapmasa, ben sadece Allah'a kulluk ederim dese o kula bir daha yanaşamam. Bu sözü duymak hiç hoşuma gitmez.

Bazen kula git ışığa bak açık mı? Ocak açık kaldı git bak, kapı kilitli değil git bak gibi emirler verir ve kendime yine kulluk ettiririm. O kulla dalga geçerim. Aslında kapalı olduğunu bilir ama içine kurt düşürdüğüm için dayanamaz gidip kontrol eder.

Onlar emirlerimi yerine getirince tatmin olurum. Kul dediğimi yapmazsa içine bir sıkıntı veririm. Tam göğsünün üzerine... Bu sıkıntıdan kurtulmak için benim dediklerimi yapar. Bu sefer de ben ona başka takıntılar yaptırırım.

Bazen de kula derim ki, eğer buna dokunmazsan, ya da dediğimi yapmazsan başına kötü bir şey gelecek, bak suçlusu sen olursun diye takıntı yaptırırım.

Özellikle kulun korumacı yapısı varsa yine Allah'ın rahmetinden çıkar. Bazı kullar ben olmazsam çocuklar aç kalır, perişan olur düşüncesi ile yaşıyor.

Bazı anneler çocuklarının üzerine titriyor her an korumaya çalışıyor. Onlara da çocuklarını kaybedeceksin, sonra çok üzüleceksin, onlara zarar vereceksin diye vesvese veririm.

Onlara çok kolay vesvese veriyorum. Çünkü Allah'ın rahmeti azalınca işim kolaylaşıyor."

"Allah'ın rahmeti niye azalsın ki?"

"Söyledim sana az önce. Kul koruma güdüsüne sahip olmaya çalışıyor, oysa Allah'tan başka koruyan yoktur. Kul koruma güdüsünde kendi elinde sanıyor, kudret ve kuvveti kendinde sanıyor, ipleri kendi elinde sanıyor. Kendisi olmasa herkes, ailesi perişan halde olacak sanıyor.

İşte bu Allah'ın gücüne gidiyor. Bu yüzden o kula çok kolay vesvese verebiliyorum, dengesini bozuyorum. Tüm enerjisini alarak ibadet edemez hale getiriyorum...

Bazı evlilikleri de bozmak için özellikle kadınları seçiyorum. Onlara çocuk ve eşini eve almadan önce yıkanmalarını, üzerlerini değiştirmelerini söylüyorum. Yoksa eve aldırtmıyorum. Böylece o evlilik zarar görüyor. Yıpranıyor. Kadınları takıntılı hale getirerek yuvayı yıkmaya çalışıyorum."

NEFSİ CEZA VE TELKİN İLE EĞİTMEK

Evet kıymetli okurum, şeytanı tanıdık, artık çözüm zamanı. Benim tüm niyetim bu vesveselere karşı sana çözüm sunmaktır. Çünkü senin tüm ihtiyacın çözümdür. Allah izin verirse çözümü de paylaşayım.

Allah De Ötesini Bırak – Niyet isimli kitabımızda takıntı konusuna biraz değinmiş farklı çözümler vermiştim. Özellikle o kitapta "panik rahatsızlık" üzerine bilgiler paylaşmıştık.

Çok şükür binlerce panik rahatsızlık yaşayan danışanımız iletişime geçerek artık huzurla yaşadıklarını bize bildirdi. Hamd olsun şifayı veren Allah, Uğur Koşar sadece âciz bir kuldur. İlim ve şifa, Âlim ve Şafi olan Allah'tandır.

Sakın ha, ya bu adam da neler biliyor, aynı benim zihnimdeki konuşmalar diye düşünme. Bilen Allah'tır, biz sadece bildirmeye vesile olmuşuzdur. Elhamdülillah. Rabbim şifanı bizim aracılığımız ile veriyorsa ne mutlu. Canım Rabbim, O'nun yoluna kurban olayım.

Evet, artık gelelim nasip ederse Mevla'mız çözüme...

Maalesef bizler dinimizi kulaktan dolma öğrenmenin sıkıntılarını yaşıyoruz. Rahmet dini olan İslamiyet'in bize korku dini olarak anlatılmasından kaynaklıdır aslında tüm bu yaşadığımız sıkıntılar...

Böylece Allah'a, sevgili dostumuza karşı uzak kaldık. Verilen dini bilgiler Kuran-ı Kerim'den değil de kulaktan kulağa olunca yanlış anlatılmaya başlandı.

Böylece ortaya takıntılar da çıkmaya başladı.

Örneğin, boy abdesti konusundaki takıntının sebebi insanlara bedenlerinin iğne ucu kadar kuru yer kalmayacağı söylendiği içindi...

Boy abdestinin farzı üçtür öyle değil mi?

Ağzı yıkamak, burnu yıkamak ve bedeni güzelce yıkamak...

Fakat bize bedeni güzelce yıkamak denmedi, bedeni iğne ucu kadar kuru yer kalmayacak şekilde yıkayacaksınız dendi!

Şekilciliğe bakar mısın? Su olmasa nasıl yapacaktınız? Farz edelim ki su yok ve toprak ile teyemmüm almak zorunda kalacaksın, o zaman da kuru yer kalmayacak kadar toprak mı sürecektin bedenine?

Allah kalbe ve niyetine bakıyor. Kulum orana burana su değmedi, tekrar al ben bunu kabul etmem diye asla kullarına eziyet ettirmez. İşte kulaktan dolma bir bilgi olunca şeytan takıntı yaptırmaya başlar tabii.

Yazıklar olsun dini bize katı ve şekilden ibaret hale getirene.

Yazıklar olsun dinimizden bizi soğutan hocalara, din adamlarına...

Allah'ı, İslam'ı korkunç hale getiren, rahmeti ve sevgiyi anlatmayan hocalara Allah hesabını soracaktır. O'nun adaleti elbet tecelli edecektir.

Allah soracak, "Niye benim kullarımı korkuttunuz?" diye. "Ben size İslamiyet sevgi, kardeşlik ve barıştır dedim, siz niye kullarıma, mümin kullarıma benim sürekli gazabımı anlattınız? Ben kâfire bile gücenmeden nimet verirken, siz mümin kullarımla niye aramı açtınız? Ben gaddar mıyım? Ben Gaffar'ım, çok affeden, çok bağışlayanım. Siz beni kullarımın gözünde korkunç bir hale soktunuz."

Allah size soracak bunları ey nefsine yenik düşmüş din adamları!

Birazdan takıntı vesveselerine karşı çözümü de paylaşacağım inşallah.

Ama aklıma gelmişken paylaşmak istedim. Bize karşı sürekli karalama kampanyaları yapıyorlar. Bunu özellikle bazı din adamları, ilahiyatçılar yapıyor. Niye? Çünkü kendileri artık dinlenilmiyor. Ya da kitapları okunmuyor!

Bu sefer siteler açıyorlar Uğur Koşar şöyle böyle diye. Uğur Koşar kitapları zehir saçıyor diye...

Allah şahittir, bu âcizin kitapları zehir saçsa binlerce insanın ruhuna nasıl dokunurdu? Binlerce insan namaz kıl demediğimiz halde namaza başlamış. Kimi intihardan vazgeçmiş hayata dönmüş. Çoğu kardeşlerimizin yuvası dağılmak üzereyken düzelmiş.

Kimi depresyondan çıkmış, kimi panik korkularını yenip huzura ermiş. Şimdi bu kitaplar nasıl zehir saçabilir?

Bir din adamı nasıl böyle bir yalan söyleyebilir kendini üste çıkarmak için? Allah böyle insanları değil yükseltmek daha da düşürür. Çok üzülüyorum kalbi fesat din kardeşlerime.

Ben farklı bir şey mi anlatıyorum? Ben de aynı kitabı, aynı dini ve Rabb'i anlatıyorum.

Hamd olsun Allah'ın yardımı ve sizlerin duaları ile ayaktayız. Mümin Allah yolunda taşlanır, bu güzel bir şeydir. Şikâyetçi değilim, asla... Sadece içimden geldi ve seninle paylaşmak istedim.

Derdi paylaşmak güzeldir, istedim ki sen de beni dinle, bil ki ben dertsiz değilim...

İyi ki değilim... Allah dertliyi sever. Bu yüzden Peygamberlerimiz, veli kullar, abit ve salih kullar hep dert içindeydi. Ama mutluydu. Dert olması mutsuz olmamız anlamına gelmiyor. Allah bizimle olduktan sonra dert denilen şey huzura dönüşüyor. Hissediyor musun?

Evet, artık gelelim çözüme, seni çok bekletmek istemiyorum.

Öncelikle sorun nereden çıkıyor dedik? Mükemmeliyetçi yapımızdan. Bu senin seçiminle çok kolay düzelecek bir şey. Bu hastalık değildir...

Bir konuda eksiklik hissettiğinde hemen de ki: "Sübhanallah!" Yani o an, "Ben hatalıyım, ben kulum, kul hatalı olan demektir, Allah tüm hatadan münezzehtir" diyorsun ve hemen duyumsa:

Allahü Teâlâ, bizim sevgili, yüce dostumuz diyecek ki, "Kulum haddini bildi, eksik olduğunu hissetti ve Rabb'ini andı." İşte görüyor musun Allah ile olan iletişimimizi, samimiyetimizi?...

O an Rahman (merhamet eden) ve Hafız (koruyan, muhafaza eden) tecellileri üzerimizde inşallah yükselecektir ve kalbine ilahi huzur verecektir. Bu hep böyle olmuştur.

Böylece şeytan bize karşı açık kapı bulamayacaktır. Allah kulunu korur. Annen koruyorsa, Allah milyon kat korur.

Allah korumayı çok sever, yeter ki sen o korumaya açık ol.

Allah rızık vermeyi çok sever, yeter ki sen kalben O'na açık ol.

Allah derde derman vermeyi çok sever, yeter ki sen dermanı şüphesiz, güzelce bir sabır ile Allah'tan bekle.

Allah senin darda kalmanı, sürünmeni ister mi sandın? Aksine o seni çok seviyor...

Mükemmel olma yapını böylece düzelttikten sonra şeytan sana git elini yıka ya da şunu böyle yap, dediğimi yapmazsan kötü şeyler yaşayacaksın gibi vesveseler verdiğinde, hangi konuda takıntı gönderiyorsa –seni geçmişe götürüp yaşadığın sıkıntıları sürekli olarak hatırlatabilir de;

Onun dediğini yapmak yerine hemen namaz abdesti alacaksın.

Şimdi şeytanı ters köşeye yatıracağız... Evet, namaz abdesti alarak o anın vakit namazını kılalım. Ya da iki rekât kaza namazı kıl. Allah rızası için namaz kılalım.

Şeytanı perişan etmiş olacaksın. Diyecek ki ben bu kula artık takıntı yaptıramam, ona ne zaman emir versem, kafasına bir şey soksam hemen gidip Allah rızası için namaz kılıyor!

Evet, şeytanı adeta sinir ettin, cinlerini başına çıkarttın. Artık çözüm elinde, bunu mutlaka yap ve göreceksin ki artık sana yaklaşmaya korkacaktır. Belki bu sana ilk başta zor gelecektir, ama zor olan sana değil unutma nefsine zor gelir. Allah hırs duygusunu yaratmıştır.

Hırsı işte bu durumda kullanmak için yaratmıştır. Nefsine karşı hırs et ve namaz kıl. Bu şeytanı deliye çevirecektir, bunu çok net hissedeceksin. İçindeki huzuru hissedeceksin. Şu an cihad içindesin. Allah yolunda cihat... Nefsinle inat içindesin. Allah sana yardım edecektir. Bu yardımı duyumsayacaksın.

Aklıma bir kıssa geldi:

Yaşlı adam yatsı namazını kılmak için evinden çıkar. Etraf karanlıktır, camiye yaklaşmak üzereyken bir taşa takılır ve düşer. Üstü çamur olmuştur.

Üşenmeden evine geri döner, temiz elbiselerini giyer, ayağı sendeler ve yine düşer. Yine üstü çamur olmuştur. "Allahüekber!" der ve evine gidip yine yeni bir elbise giyer, tam kapıdan çıkarken genç biri yanına yaklaşır. Elinde lamba vardır ve ihtiyarın koluna girer.

"Gel amca..." der. "Ben seni camiye kadar götüreyim."

Camiye varınca yaşlı amca, "Allah razı olsun yavrum senden" der.

Genç sinir olur. "Amca bunu bana sakın deme" der. "Çünkü ben şeytanım! Sen birinci kez düşüp de üzerini değiştirdiğinde Allah çok sevindi ve senin bütün günahlarını affetti. İkinci kez düşüp tekrar eve gidip üzerini değiştiğinde Allah bu sefer ailenin de günahlarını affetti. Bu sefer ben endişe ettim. Eğer bu sefer düşersen Allah'ın senin tüm soyunu affetmesinden korktum, bu yüzden sen düşme diye koluna girdim!"

Bayezid Bistami hazretlerinin olayını hatırlarsın. Hani bir sabah namaza kalkamıyor da çok üzülüyor ve ağlayarak af diliyordu. Allah da veli kuluna üzülmesin diye yetmiş kat sabah namazı sevabı veriyordu.

Bir kat sevap yerine yetmiş kat...

Ve ertesi gün sabah şeytan, Bayezid Bistami hazretlerini dürterek kaldırıyordu. Diyordu ki hazretleri de:

"Be melun sen beni namaza kaldırmazdın hayrola?"

Şeytansa diyordu ki, "Sen bir kere namazı kaçırdın ve Allah sana yetmiş kat sevap verdi, tekrar kaçırmandan korktum, aynı sevaba nail olursan ben ne yapardım? Hiç olmazsa tek sevap al istedim, bu yüzden hadi kalk diye seni dürtüyorum."

Evet, şeytan bize takıntı verdiğinde, emir verdiğinde hemen namazını kıl, senden hızlıca kaçtığını göreceksin.

Devam edelim, birazdan nefsine ceza vererek terbiye etmeyi, böylece onu susturmayı anlatacağım. Nefis, bir çocuk gibidir. Çocuğu eğitmek için bazen ceza gereklidir öyle değil mi?

Peki, nefis en iyi neyle cezalandırılır? Korkuyla mı? Cehennem ile mi? Hayır. Nefis açlık ile cezalandırılınca sana hizmet etmeye başlar. Allah'a kulluk eder.

Biraz derin bakarsan anımsayacaksın; Allah nefsi yarattığında açlık ile terbiye etmişti.

Allah nefsi yarattığında ona sorar:

"Sen kimsin, ben kimim?"

Nefis, "Sen sensin, ben benim" der.

Allah tarafınca bilinen bir süre, ateşle terbiye görür. Yani cehenneme atılır. Sonra Rabb'imiz yine sorar, cevap değişmez: "Ben benim sen sensin!"

Allah cehennemi kızdırır, tekrar nefsi içine attırır fakat her defasında cevap aynıdır:

"Sen sensin, ben benim."

Ateşle terbiye olmayan nefsi bu sefer Allah açlık imtihanına sokar. Nefsi bir süre aç bırakır. Ve tekrar sorar yüce Allah:

"Sen kimsin, ben kimim?"

Rabb'i karşısında durduğu yeri ve duruş şeklini bilemeyen nefis, asıl şekline dönmüştür:

"Ya Rabbi, sen beni ve kâinatı yaratan yüce Rabb'imsin. Ben ise senin âciz bir kulunum."

Demek ki tefekkür ettiğimizde nefsi açlık ile eğittiğini Allah bize öğretiyor.

Bu yüzden bize korku dini fayda vermedi. Namaz kıl yoksa cehenneme gidersin dediklerinde nefis daha önce cehenneme girmişti, bundan korkmuyordu ki namaz kıldırsın kula. Nefis sadece açlık ile adam oluyordu demek ki.

Biz de o halde Allah'ın öğrettiği şekilde bundan sonra nefsi eğitelim.

Hangi durumlarda nefsi aç bırakarak ceza vereceğiz?

Takıntı yaptırdığında, kaygı duydurduğunda, namaz kılma, abdest alma, bir sürü işin var dediğinde, namazın farzını kıl sünneti kılma dediğinde ya da hangi konuda sıkıntı yaptırırsa hemen ona açlık cezası ver.

Eskiden yorgun veya hasta olduğumda hemen bana nefsim farzı kıl uyu derdi. Ona ceza olarak fazladan namaz kıldım. Üzerine bir de onu aç bıraktım.

Yine bir gün yatsı namazını kılacağım. Canım (can denen şey nefistir) çiğköfte çekti. Yatsı namazını kılmak için secdeye varırken nefsim dedi ki, sen farzı kıl sadece belki kapanır çiğköfteci...

Hemen cezasını verdim. Hem namazımı fazlasıyla kıldım, hem de o gece bir şey yemeden uyudum. Bir keresinde namazda beni dünyalık düşündürdüğü için de onu öğlen yemeğinden mahrum bırakmıştım.

Nefis sana hayal ettirir. Ne seviyorsan onun hayaline sokar. Mantı ya da dolma, pilavlı tavuk veya tavuk çorbası. Pasta, baklava... Öyle bir hayal ettirir ki sen her şeyi bırakıp nefsine hizmet ettiğinin farkında olmazsın. İşte tam bu vakit nefsini ondan mahrum bırak. Bu senin hayatında dönüm noktan olacaktır inşallah.

Bir öğünden hiçbir şey olmaz. Hz. Peygamberimizin(sav) üç gün aç kaldığı oluyordu. Evet, sevgili okurum. İşte nefis bu şekilde ıslah oluyor. Adeta adam oluyor. Artık vesvese veremiyor; çünkü biliyor ki ona hemen ceza vereceğim. Bu konuda çok ciddiyim. Bunun bilincinde olduğu için de beni rahatsız edemiyor.

Artık çözüm senin de elinde. Hırs et, nefsine karşı hırslı ol. Kuzu gibi olduğunu göreceksin. Allah yardım edecektir.

Şeytana sordum, "En sevdiğin vesvese nedir?" diye. "Ben insanların kulağına bu abdest almak da ne kadar zor iş diye fısıldarım. O kulun üzerine nefesimi üfler uyuşturururum. Onu mayıştırırım. Sonra da aklına dünyalık sokarım. Bu benim en mutlu halimdir."
Evet, sana suçlusun, çok günahkârsın diye sürekli vesvese veren şeytanın ta kendisidir.
Âlemlerin Rabbi olan, din gününün hâkimi olan Allah hesabını ahrette sorar.
Sen hiç sınav ortasında yanlış yaptın diye hesap soran bir öğretmen gördün mü?
Sen tövbe ettin mi asıl, bunu dert et.
Şeytan vesvese verdi,
"Dua etmekten sıkılmıyor musun?" diye.
"Dua bahane, ben Rabb'ime sesimi, yakarışımı duyuruyorum, benim yakarışım O'na hoş geliyor. Kulum beni dost bildi, bana derdini anlatıyor diye tebessüm ediyor. Yakaran da mutlu, Yaradan da" deyince susuverdi.

Kafanın içinde bir ses, "Bu senin kaderin, hiç mutlu olamayacaksın" diyor. Eğer o sese inanıyorsan vay haline! "Benim kaderimi sadece Allah bilir" dersen içindeki nefsine; o zaman güzel günlere hazır ol... Ne derdin olursa olsun, "Allah'ım senden razıyım" dediğinde kalbine doğacak huzuru tarif edemezsin.

**Ben derdimi tasamı toplayıp
Allah'a koşmayı
seviyorum.**

HER ŞEYİN ARKASINDA ALLAH'I GÖR

Şuayb Peygamberimizi(as) hatırla, ümmetine diyordu ki:

"Birisi tutup size ayakkabı verse buna ne kadar çok sevinirsiniz; fakat size ayak veren Allah'a ne diye şükretmezsiniz? Birisi size yüzük verse ona âşık olursunuz da, size el ve parmaklar vereni unutursunuz!"

Gerçekten unutuyoruz, biz unuttukça yüce Allah yine de veriyor, çünkü ikramı, vermeyi çok seviyor. Biz unutmaktan vazgeçmiyoruz, Allah ise vermekten vazgeçmiyor.

Böyle bir dost daha önce gördün mü? Göremezsin. Bir kişiye binlerce iyilik yap, fakat istediğini yapamadığın bir olayda en kötüsü sen olursun öyle değil mi?

Hemen seni karalar, hemen seni siler, hemen sitem eder, kalbini kırar. Oysa sen ona hep iyilik etmiştin. Bak o dostun seni bir kalemde sildi.

Bu yüzden Allah'tan başka gerçek dost bulamazsın. Allah'tan öte seni sevebilecek kul bulamazsın. Bu yüzden her olayın arkasında Allah'ı görerek biz de O'na teşekkür, şükür etmiş olalım.

Hz. Mevlana anlatır. Hz. Eyüp[as] ilahi takdir gereği başına gelen bütün belalara pek de güzel bir sabırla tahammül gösterdiğini düşünerek bu halinden dolayı gönlünde bir güzellik hissetmiş. Allahü Teâlâ buyurmuş o an:

"Ey Eyüp! Sen sadece kendi sabrını gördün, ben senin her kılına bir sabır verdim ey Eyüp! Kendine gel de sabrına bu kadar bakma, sen sabrını görüyorsun, bir de sana o sabrı vereni gör..."

O halde biz de artık görelim:

Gören gözlerimizin arkasındaki Allah'ın Basir (gören) tecellisini...

İşiten kulağımızın arkasındaki Allah'ın Semi (işiten) tecellisini...

Ayakta kaldığımızda Allah'ın Kayyum (ayakta tutan) tecellisini...

Neyi seviyorsan bunun arkasındaki Allah'ın kalbimize lütfettiği Vedud (çok seven, tek sevilmeye laik olan) tecellisini...

Masada önünde duran yemeğin arkasındaki Allah'ın Rezzak ve Mukit (rızkı veren, azık ve gıdayı temin eden) tecellisini...

Şefkat ediyorsak ailemize arkasındaki Rauf (çok şefkatli) tecellisini...

Merhamet ediyorsak arkasındaki Rahman (dünyadaki tüm varlığa merhamet eden) tecellisini...

Yine de yetmez bunlar şükrümüze. Allah'a ne kadar şükretsek azdır biliyorsun.

Hz. Musa(as) soruyordu Allah'a:

"Rabbim sen bize öyle şeyler lütfediyorsun ki biz gece gündüz sana şükretsek kâfi gelmez."

Allah buyuruyordu Peygamberine:

"Ey Musa! Senin bu konuda duyduğun pişmanlık şükür olarak yeter."

Canım Rabb'imi görüyor musun? Pişman ol kâfidir diyor. Senin pişmanlığın bile bana yeter diyor. Bu kadar basit işte Allah'a yaklaşmak... Allah'ı memnun etmek...

İnsanları memnun edemezsin, ağzınla kuş tutsan bile onları memnun edemezsin, egosal varlıklardır çünkü. Onlarla iyi geçinmek için Allah bize güç versin inşallah.

Ama Allah'ın rızasını almak için bir pişmanlık yetiyor. Bir tövbe yetiyor... Çok şükür Rabbim seni hissetme şansını bize verdiğin için. Çok şükür Allah'ım bizi imtihan ederken bile taşıyamayacağımızdan fazla yük vermediğin için:

"*Allah hiç kimseye gücünün yeteceğinden başka yük yüklemez.*" (Bakara 286)

Çok şükür Allah'ım bize tenezzül ederek senin yoluna dönmemizi nasip ettiğin için.

Şimdi görüyoruz orucumuzla övündük; fakat oruç tutarken aslında oruç tutmak için gücü bize veren sendin.

Namaz kıldığımızda övündük; fakat bizi karşısında görmek isteyen ve kalbimize namaz kılmayı ilham eden sendin.

Biz çalıştık kazandık sandık, fakat rızkı veren tamamen sendin. Çok şükür Allah'ım bizimle ilgilendiğin için. Her an bizimle olduğun için. Allah'ım bize senin yolunda yaşamayı, senin dostun olarak nefes almayı ve ölmeyi nasip et. Böylece cennette senin cemalini görmek bize hak olsun.

Kalbini kapatıp gözleri ile bakanlar sizin
gördüklerinizi göremezler ve daima sizi suçlarlar.
Siz kalbiniz ile bakmaya devam edin.
Kalbiniz böylece deryalar kadar geniş olacaktır.

Az şikâyet çok şükür
seni mutluluğa
götürür.

Bize bir kıyafet alındığında nasıl da mutlu olur sevíniriz. Fakat o kıyafeti giydireceğimiz bir bedenimiz olduğunun farkında değilizdir.

Hayatın içindeki renkleri ve güzellikleri görebilirsin; fakat görme yetinin bile Allah'ın rahmetiyle olduğunu fark etmeden yaşıyorsan uykudasın demektir.

ALLAH RIZASI İÇİN YAŞAMAK

Rabbim soruyordu "Ey Ebubekir benden razı mısın?" diye.

Hani Mekke fethinden önce sahabe birtakım eşyalarını bağış ediyordu. Hz. Ömer(ra) malının tam yarısını bu uğurda feda etmişti de herkesi Allah yolunda, Allah aşkı için geçmek istemişti. Sanki bu bir yarıştı ama nefislerin değil Aşk'ın yarışıydı.

Hz. Ebubekir(ra) ise neyi varsa Allah için feda etmişti, üzerinde sadece bir aba vardı –göğsüne dikenle iliklenmiş bir aba– ve öylece sevgili Peygamberimiz Hz. Muhammed'in(sav) yanında oturuyordu.

O arada Cebrail gelerek sevgili Peygamberimize(sav) soruyordu:

"Ey Muhammed, Ebubekir'in üzerinde bir dikenle iliklenmiş aba olduğunu görüyorum."

Sevgili Peygamberimiz, "Ey Cebrail! Ebubekir Mekke fethinden önce bütün malını bana harcadı" buyurdu.

Cebrail, "O halde Ebubekir'e ilet. Allah ona selam söylüyor ve Ebubekir artık fakir, bu haliyle benden razı mı diye soruyor" dedi.

Sevgili Peygamberimizin(sav) gözlerinin içi gülüyordu.

Hz. Ebubekir'e(ra) dönerek, "Ey Ebubekir" dedi. "Cebrail sana Allah'ın selamını getirdi. Allah sana, bu fakirlik halinde benden razı mısın değil misin diye soruyor."

Hz. Ebubekir(ra) ağlıyordu:

"Ben Rabb'ime nasıl öfkelenebilirim? Ben Rabb'imden razıyım, ben Rabb'imden razıyım, ben Rabb'imden razıyım."

Allah'ım bu nasıl bir şey! Kulunu imtihan ediyorsun ve yine de kulunun bundan razı olup olmadığını soruyorsun. Kulunu bu kadar düşünüyorsun. Bize tenezzül ediyorsun, bizim senden razı olmamızı bekliyorsun. Oysa ihtiyacın yok, sen Samed'sin ama yine de kulunun senden razı olmasına önem veriyorsun.

Sevgili okurum, buraya dikkat et lütfen. Başına bir bela, hastalık, sıkıntı geldiğinde hemen anımsa. Allah sana soruyor: "Ey Ayşe, ey İbrahim, ey Merve, ey Mehmet, ey Semra, ey Fatma benden razı mısın?"

Ve içinden sevgiyle, aşkla gürleyerek de ki:

"Allah'ım evet ben senden razıyım, ben senden razıyım. Ben senden razıyım ya Rabbi."

İşte o an senin Allah ile, "ilahi Aşk" ile bütünleşme anındır...

Yine abidin biri, "Ya Rabbi benden razı ol" diye dua ediyordu.

Orada bulunan Hz. Rabia annemiz, "Kul Allah'tan razı olmadığı halde Allah'ın kendisinden razı olmasını nasıl bekler?" diye sordu.

"Kul Allah'tan nasıl razı olur?" diye sordu abit.

"Allah'tan gelen nimet ve belayı aynı gördüğü vakit"

diye cevap verdi Hz. Rabia(ra) annemiz. Ve devam etti sözlerine:

"Bela gelince de, nimet geldiğindeki gibi hali değişmez, kızıp öfkelenmez ise Rabb'inden razı sayılır."

Allah, benim verdiğime razı olmayan başka Rab arasın buyuruyor. Başka Rab olmadığına göre kula düşen Allah'tan gelene razı olmaktır. O'nun gönderdiği belalara sabretmek şarttır.

Allah buyurdu ki:

"Bedenine, evladına ve malına bir musibet gelen güzel bir sabırla karşılarsa ona kıyamette hesap sormaya hayâ ederim."

Evet, biz Allah'tan razı olursak Allah da bizden razı olur. Biz Allah rızası için yaşarsak kalbimiz aradığımız huzurla dolar. Biz her dert karşısında, adaletsizlik karşısında hamd etmeyi öğrenirsek işte Allah rızasına ermiş oluruz.

Burada şükür ve hamd etmeyi karıştırmayalım.

Şükür teşekkürdür, nimete şükredebilirsin, mevkin artar şükredebilirsin, ama bir sıkıntı karşısında şükretmek uygun değildir. Öyle değil mi?

Dert, bela, bir adaletsizlik karşısında o halde hamd etmek, Allah'ı övmek uygundur.

"Allah'ım bu senden geldi, sen en iyisini bilirsin, sana hamd olsun" diyebildiğimiz an Allah dostluğunun kapısından girmişiz demektir. Allah bu yüce makamı hepimize nasip etsin inşallah.

Bizler maalesef farkında olmadan nefsimiz için yaşıyoruz, nefsimize hizmeti Allah'tan daha çok yapıyoruz. Farkında değiliz çünkü adeta derin bir uykudayız.

Namazımız, zikirlerimiz bile nefsimize. Cennet için namaz kılıp, Allah istediğimizi versin diye sayarak odaklanıp devamlı bir zikir içindeyiz.

Namazımız dedim. Evet, namazımızda bile cehennem korkusu olmasa sanki namaz kılmayacağız. Oysa Allah dostları Allah rızası için yaşarlardı.

Hz. Rabia(ra) annemizin duası ne derin bir duaydı. Namazdan sonra Rabb'ine yüreğini açar ve derdi ki:

"Allah'ım sana cehennemden korkarak ibadet ediyorsam, beni cehennem ateşinde yak. Eğer sana cennet ümidiyle kulluk ediyorsam, cennetini bana haram kıl. Şayet senin rızan için bu namazı kıldıysam bana cemalini görmeyi nasip et."

İşte Allah rızası için yaşamak insanın kalbine huşu getirir. Yoksa istediğin kadar namaz kıl, zikirler çek o huşuya erişemezsin. Sevap alamazsın demiyorum sakın yanlış anlama, sadece meyvenin tadını alamazsın, ibadetin hazzını alamazsın diyorum.

Aynı şekilde insanlara bakıyorum, belki sen bile bunu yapıyorsun, zikirden söz ediyorum, sayılara, günlere odaklanarak Allah'ı anmandan söz ediyorum.

Bunu yaparken bir haz alıyor musun? Yoksa aklın kaç tane saydım acaba diye sürekli bir matematik içinde mi? Sadece soruyorum? Kulaktan dolma şeylerle yaşıyoruz demiştim hani kitabımızın başında, Allah bize doğru yolu ilham etsin inşallah.

Allah hiçbir kuluna, "Bana şu gün şu saatte dua et yoksa kabul etmem!" demez. Allah hiçbir kuluna, "Bana şu ismim ile bu kadar sayı ile dua et bak yoksa sana istediğini vermem ha!" demez. Ya da, "Bak kulum sen bu esmamı bu kadar çektin eksik oldu, hadi baştan al..." demez.

Zikirlerimiz adeta bir ticaret olmuş. Allah'ım ben sana bu kadar zikir çektim hadi bana şu istediğimi ver. Bana sağlık ver, kocama iş ver, evladıma okulunda başarı ver...

Bunu istemenin yolu; sayı ile değil kalp iledir. Sayı zihnin işidir, sen Allah'a zihninle değil kalbinle yönelmediğin sürece dostluğunu hissedemezsin.

Allah'ın senin zikrine hâşâ ihtiyacı varmış gibi, "Bak sana bu kadar zikir çektim, hadi bana dileğimi" ver havasında yaşıyoruz. Vallahi ben üzülüyorum bu duruma.

Zikir elbette çekin, ben zikir çekmeyin, Allah'ı anmayın diyebilir miyim hiç? Ne haddime? Sadece senin Allah ile samimi olmandan yanayım. O'na kalbinde dönmenden yanayım. Beni anlıyor musun?

Dua kapısı, Allah'ın rahmet kapısı her an açıktır. Hiç kapanmaz. Allah samimi kullarını sever bunu hiçbir zaman unutma, yeter ki o güzel kalbinle samimi bir şekilde Allah'a derdini arz et. Âlemlerin Rabbi olan Allah senin duana en uygun zamanda lütfedecektir. Göreceksin ki:

"Şüphesiz, Rabb'in sana verecek
ve sen de hoşnut
olacaksın."

– Duha 5

Dert sana vardığında sorar:
"Allah senden razı
sen O'ndan razı mısın?"
Ellerini semaya kalbini Mevla'ya döndür ve
öylece bekle. Bir şey istemeden sadece hisset.
Allah ile baş başasın.
Teslim ol bırak kendini Rabb'ine.
Bu kavuşmanın hazzını yaşa sadece.
Sonra şükret ve ellerini yüzüne sür.
Yüzüne nuru bulaşacak, içini aşkı kaplayacak
Rabb'inin.

PEYGAMBERİMİZİ İLİŞKİLERDE ÖRNEK ALARAK MUTLU YAŞAMAK

Hayatın içinde birçok imtihan var, bunlardan biri de ilişkilerimiz öyle değil mi? İlişkilerde ise en çok dert yandığımız sıkıntı anlaşılmamak, değer görmemek, sevgi hissetmemek.

Eşimizde, sevdiğimiz insanda katlanamadığımız huylar olabiliyor ve o insanı değiştirme şansımız da olmuyor. Peki, şimdi ne yapmak gerekir?

Önce Hz. Peygamberimizin(sav) *Veda Hutbesi*'ni hatırlayalım; sonra Kuran'da Allah'ın bize verdiği bu konuyla ilgili cevabı bulalım:

"Kadınların iyiliğini isteyin, çaba verin. Onlar sizinle yaşamak zorunda olan hayat arkadaşlarınız ve Allah'ın size emanetidir."

Şimdi de, Nisa Suresi 19, ayetin içinde geçen kadınlarla olan kısmı anımsamanı isterim. Allah buyuruyor:

"Onlarla iyi geçinin. Eğer kendilerinden hoşlanmadıysanız, olabilir ki, siz bir şeyden hoşlanmasanız da Allah onda birçok hayır takdir etmiş bulunur."

Evet, Rabbim önceden ilahi rahmeti ile sıkıntıyı görmüş, biliyor ve kullarını uyarıyor.

Öncelikle, onlarla iyi geçinin diyor yüce Allah. Kadına ne kadar çok değer verdiğini buradan görebilirsin. Ve devam ediyor, kadınlarınızda hoşlanmadığınız davranışlar olabilir. Belki kadın hırçındır. Belki baskın karakterlidir. Belki çok dırdır ediyordur. Belki de ipleri kendi ellerine almak ister.

Evet, bu erkekler için hoşa gitmeyen bir davranış olabilir ama hemen eşlerinizden soğumayın. "Bu hoş olmayan davranışlarında birçok hayır lütfettim" diye Allah bizleri uyarıyor.

Aslında bize işaret ediyor, sabredin, güzelce sabredin ve bunun karşılığında size ummadık bir kapı açacağım diyor. Bu sabrın mükâfatını elbet alacaksınız diyor. Allah bizlere burada da dostluk ediyor. Biz terapiste gidip nasihat dinliyoruz, bak yüce dost sana zaten cevabı vermiş.

Seni motive de etmiyor. Allah'ın vaadi haktır. Allah sözünde durandır. Bu yüzden sana ne söylüyorsa bunu en uygun zamanda yerine getirir yüce Rabb'imiz. Sana hayır kapıları açacaksa mutlaka açar. O halde bize düşen güzelce bir sabırdır.

İnsan sevgisini karşısındakine hissettirmeli, adeta nakış nakış kalbine işlemeli sevgisini...

Bu yolda sevgili Peygamberimiz Hz. Muhammed'i(sav) örnek alırsak evlilikte huzur da gelecektir. Hz. Peygamberimizin(sav) birçok sünnetini yerine getirmeye çalışıyoruz fakat insanlara olan davranışlarını örnek almıyoruz. Ahlakını örnek almıyoruz. Alsak bu da sünnettir.

Ya da kadınlara karşı nahif davranışını biz uygulamıyoruz. Uygulasak sünneti yerine getirmiş oluruz öyle değil mi?

Peki, iki cihan güneşi sevgili Peygamberimiz Hz. Muhammed(sav) sevgisini nasıl gösterirdi?

Eve geldiğinde eşine selam verir ve mübarek elini eşinin omzuna koyarak kendisine gününün nasıl geçtiğini, bir şeye ihtiyaç duyup duymadığını sorardı.

Bakın burada dokunmanın muazzam ve ilahi etkisini kullanıyor. Allah öyle lütfediyor, Allah öyle gösteriyor ve Hz. Peygamberimiz(sav) de öyle davranıyor. Onun davranışını örnek aldığımızda biz de bu ilahi rahmeti ve aşkı evimizde, kalbimizde inşallah yaşayacağız.

Evet, önce selam veriyor, sonra elini eşinin omzuna koyuyor ve sonra da hatırını soruyor. Bir şeye ihtiyacı olup olmadığını soruyor. Bu sırada gözleri tebessüm içinde... Kalbindeki ışık ve nur gözlerine yansımış... İşte bu ışık eşinin kalbine işliyor. Kalpler arası sevgi akışı... Bir dokunuş ve bir hatır sorma... Allah'ın selamını getirme...

İşte bu kadar kolay eşinin kalbine dokunabilmek.

Peki, başka ne yapardı sevgisini göstermek, hissettirmek için sevgili Peygamberimiz?

İstişare ederdi, yani danışırdı, fikrini alırdı. Böylece hanımı da kendini değerli hissederdi.

Hudeybiye Antlaşması'nı hatırlamanı isterim.

Müslümanlar ile müşrikler arasındaki bir antlaşmaydı. Müslümanlar umre yapmak için Mekke'ye girmek istemişlerdi ama müşrikler buna izin vermemişlerdi.

Sonra bir antlaşma yapmışlardı. Müslümanlar bu yıl için Kâbe'yi ziyaret edemeyecek ve geri döneceklerdi.

Evet, üzgündü Müslümanlar. Ashabın bu durum pek hoşuna gitmemişti. Bunun üzerine sevgili Peygamberimiz onlara kurban kesmelerini ve tıraş olmalarını buyurmuştu.

Fakat kimse yerinden kalkmıyordu. Bu durum Hz. Peygamberimizi(sav) üzmüştü. İşte o an eşi Hz. Ümmü Seleme(ra) annemize bu durumu anlattı. Sıkıntısını dile getirdi.

Hz. Ümmü Seleme(ra) annemiz de, "Sen çık ve kimseye bir şey demeden kendi deveni kes, tıraşını ol" dedi. Peygamberimiz bu makul tavsiyeyi yerine getirdi. Sevgili Peygamberimizin bu davranışını gören Müslümanlar hemen yerlerinden kalkarak kurbanları kesip tıraşlarını oldular.

Evet, işte istişarenin, paylaşmanın, eşimizin fikrini almanın içindeki Allah'ın ikramını görüyor musunuz?

Biz eşlerimize fikirlerini soruyor muyuz? Bunun cevabını sen kendine verirsin. Ben sadece anımsatmak istedim. Allah rızası için sana anımsatmak...

Peki, sevgili Peygamberimiz eşine sevgisini hissettirmek için başka ne yapardı?

Eşinin su içtiği yerden ağzına dayar ve suyunu öyle içerdi.

Yani verdiği mesaja bakar mısın? Seni o kadar çok seviyorum ki, dudağının değdiği yere dudağımı değdirmek bana huzur veriyor diyordu adeta... Davranışın dili vardır ve bu dil konuşmaktan daha anlamlıdır.

Hanımı ekmek yediğinde ekmeği elinden alır ve onun ısırdığı yerden ekmeği ısırırdı. Tekrar söylüyorum, Peygamberimiz kendi nefsine göre hareket etmezdi, onun tüm karar ve davranışlarında Allah'ın emri vardır.

Allah bize gösteriyor, işte evin içinde saadeti, huzuru nasıl yakalayacağımızı, bunun için de sevgili Peygamberimizi(sav) vesile kılıyor. Çok şükür, canım dostumuz Rabb'imiz her an bizi düşünüp bize yol gösteriyor. Hamd olsun.

Ve Peygamberimiz eşinden önce yemeğe oturmazdı. Eşinin hoşuna gitmeyen bir davranışı varsa buna tahammül ederdi. Nisa Suresi 19'da az önce anımsattığım gibi, bu tahammül kalplere Allah'ın ikramını getiriyordu. Hayırlı kapılar açıyordu onlara...

Evet, naçizane ben de eşlerimiz ile iyi geçinelim diye vesile olmak istedim. Dilerim ki olmuşumdur.

Ruhuna dokunan insanı bul.
Konuştuğunda gözleri gülen
ve
seni olduğun gibi seven...

Karalayan dilin, kusur gören gözün, kırıp döken ellerin varken Allah'ın rızasına eremezsin.

Bazı kadınlar çok masumdur, çok da severler. Onların kıymetini bilin. Sizden sadece güven ve sahiplenilmek beklerler. Hayat sizden alırsa yokluğunu dolduramazsınız!

Giden kendi kaybetmiştir aslında. Neyi mi?
Verdiğin sevgiyi, değer ve emeği...
Allah verdiğin emeği hak edecek insanı karşına çıkarsın.
Bu dünyada öyle insanlar var ki, melek gibi insanların kalbini kırıp yine de kendini haklı sanıyorlar.
Allah bizi onlardan korusun.
Gerçek Müslüman inciten değil, incitmeye korkandır!
Aşk merhametli insana yakışır, aşkı ancak vicdanlı insan taşıyabilir. Bu yol zorlu bir yoldur.
Fakat ne zaman tıkanırsan Allah yardım eder ve hayırlı bir kapı açar.
Allah kendisine kul olarak layık gördüğünü size eş olarak nasip etsin.

**Önce üzüldüm sonra sevindim.
Meğer Allah hayırsızı dünyamdan alarak hayırlı olanı bana ikram ediyormuş. Bunun adına da imtihan diyormuş. İmtihanında bile ikramı olan Allah'a kurban olayım.**

Allah'ım sen kimseye sonradan bu muydu sevdiğim insan dedirtme.

Allah sizlere kadınları emanet olarak gönderdi.
Biliniz ki kadınlar ait olmak, sahiplenilmek,
fikirlerine önem verilmek ve değer görmek isterler.
Onların kalplerine güzel sözler ile dokununuz.
Kim de bunu Allah rızası için yaparsa
Allah o ilişkiye rahmeti ile tecelli eder ve gerçek
aşk o zaman meydana çıkar.

Ey oğul! Allah kadınları siz erkeklere emanet
etti, onları incitmekten imtina et.
Onlar kırılgan bir çiçek gibidir.
Sözlerinle sakın yaralama.
Bir de Allah sana o elleri sevip okşaman için
verdi, sakın vurup kırmak için kullanma.
Ey oğul! Nefsine değil Allah'a itaat et.

SEVGİ Mİ YOKSA KORKU DİNİ Mİ?

Bugüne kadar anlatmak istediğim temel konu sevgiydi. Allah'a karşı korkutulmanın verdiği huzursuzluk içinde kalmıştık. Ruhumuz bu yüzden paramparçaydı adeta...

Yanacağız, taş olacağız, çarpılacağız telkinleri ile bilinçaltımıza korku işlenmişti. Bu da bizi tevekkülden, Allah'a yaklaşmaktan psikolojik olarak uzak tutuyordu.

Hatta geçen gün Diyanet İşleri Başkanı Mehmet Görmez hacda vefat eden kardeşlerimiz adına televizyonda bir topluluk önünde dua ederken dikkatimi çekti. Duada şöyle diyordu: "Allah'ım bizi affet, biz dinini yanlış anlamışız ve yanlış öğretmişiz. Sevgi yerine korku dini sanmışız..."

Evet, aynen bu kelimeyi kullanmıştı. Duyduğumda sevinmiştim, artık Diyanet de çok şükür vaazlarında sevgiyi, Allah'ın merhametini ön plana çıkarmaya başlıyordu.

Böylece insanlar korkmadan severek Allah'ın emirlerine uyacaklardı. Bu da insanların ruhlarının adeta çiçek açmasına vesile olacak inşallah. Bu konuda yalnız olmadığım için mutlu oldum.

Artık hakikat yavaş yavaş ortaya çıkıyor. Sevgi ile iman dini... Aşk ile iman dini... Allah'ın emir ve yasaklarına aşk ile uyma zamanı geldi. Çünkü bu konuda yetkililer, bize dini anlatanlar; korkuyla insanların dini görevlerini yapmak yerine, dinlerinden uzaklaştıklarını görmeye başladılar.

Allah o kadar merhametli ki, kullarını cennete sokmak için adeta her şeyi kolaylaştırıyor, ne kadar günah işlersek işleyelim kullarını affetmek için adeta can atıyor. Çünkü affetmeyi Allah çok ama çok seviyor. Bunu kalbine yaz lütfen.

Birkaç hadisi şerifi paylaşmak isterim. Bu konuda sevgili Peygamberimiz Allah kullarını müjdeliyor. Cennete gitmenin ne kadar kolay olduğunu ifade ediyor.

Ebu Hureyre'den(ra) rivayet edildiğine göre Hz. Peygamberimiz(sav) kutsi hadiste buyuruyor:

Kulum bir günah işler ve "Allah'ım günahımı affet" der. Ulu Allah buyurur ki, "Kulum bir günah işledi; fakat günahı affedecek veya cezalandıracak bir Rabb'inin olduğunu bildi." Aynı kul bir daha günah işler ve yine "Ey Rabbim günahımı bağışla" der. Ulu Allah yine buyurur ki, "Kulum bir günah işledi; fakat günahı affedecek veya cezalandıracak bir Rabb'inin olduğunu bildi." Aynı kul bir kere daha günah işler ve yine "Ey Rabbim günahımı affet" der. Ulu Allah buyurur ki, "Kulum bir günah işledi, fakat günahı affedecek veya cezalandıracak bir Rabb'i olduğunu bildi, kulumun günahını affettim, dilediğini yapsın." (İmam Nevevi, *Riyazüs Salihin*)

Görüyor musun? Yüce Allah, sevgili dostumuz, tek velimiz kullarının iyiliğini, daima onların kurtuluşunu istiyor ve kolaylaştırıyor. Bizlere ise hep bugüne kadar dini zor ettiler!

Devam edelim mi hadislere?

Muaz bin Cebel(ra) der ki:

Havyan sırtında Peygamberimizin arkasına binmiş olarak yolculuk ediyorduk. Bana sordu, "Ya Muaz, Allah'ın kulları üzerinde hakkı vardır ve buna karşılık kullarının da Allah üzerinde hakkı vardır, bunun ne olduğunu biliyor musun?"

Ben sevgili Peygamberimize, "Allah ve O'nun Resulü bilir" diye cevap verince şöyle buyurdu:

"Allah'ın kulları üzerinde olan hakkı O'na kulluk etmeleri hiçbir şeyi Allah'a ortak koşmamalarıdır. Buna karşılık kulların Allah üzerinde olan hakkı ise; kendisine hiçbir şeyi ortak koşmayan kullarını azaba çarptırmamasıdır."

Muaz bin Cebel(ra) çok sevinmişti. "Bu sözleri halka müjdeleyelim mi?" diye sorduğunda, "Sonra uyuşukluğa kapılırlar" diye buyuruyordu sevgili Peygamberimiz. (Buhari, *Sahih-i Müslim*)

Ve yine Enes bin Malik'ten(ra) rivayet ediliyor ki sevgili Peygamberimiz buyuruyor:

"Ey Âdemoğlu! Sen bana dua edip bana umut bağladıkça, işlemiş olduğun bütün günahları, üzerlerinde durmaksızın bağışlarım. Ey Âdemoğlu! Günahların gökyüzünün yüceliklerine kadar ulaşmış olsa da benden affedilmeni dilesen, seni affederim. Ey Âdemoğlu! Bana yeryüzü dolusuna yakın bir günah ile gelsen, fakat hiçbir şeyi bana ortak koşmaksızın karşıma çıksan sana yeryüzü dolusuna yakın mağfiretle (af ile) gelirim." (Tirmizi)

Kıymetli okurum, sevgili Peygamberimizin yaşamını ve hadislerini hayatıma sokmak için sürekli okur ve içselleştirerek hayatıma sokmaya çalışırım. Okudukça o günlerde bulunmuş gibi hissederim kendimi, bu yüzden seninle bu kutsi hadisleri paylaşıyorum.

Son olarak yine Allah'ın kullarına olan sevgisini, merhametini görebileceğimiz bir hadisi paylaşmak istiyorum.

Ebu Zerr(ra) der ki:

Peygamberimiz ile birlikte kara taşlı bir arazide yürüyorduk, karşımıza Uhud Dağı geldi. Peygamberimiz, "Ya Ebu Zerr" deyince ona "Lebbeyk (buyur) ya Resulullah" diye cevap verdim. O da, "Yanımda şu Uhud Dağı kadar altın olsa, borcum kadarını alıkoyduktan sonra geriye kalanını yanımda üç gün bile tutmaksızın Allah'ın kulları içinde sağına, soluna ve arkasına dönerek, şu sana, şu sana ve şu da sana demekten başkasını istemezdim" diye buyurdu ve bir süre yürüdükten sonra da şöyle devam etti:

"Malı hakkında şu sana, şu sana, şu da sana diyenler hariç çok malı olanlar, kıyamet günü sevabı az olanlardır; öyle diyenler de o kadar az ki!"

Sonra sevgili Peygamberimiz bana, "Olduğun yerde dur, ben gelinceye kadar hiçbir yere kımıldama" diyerek gecenin karanlığında kayboldu. Az sonra yükselen bir ses duyunca birinin Peygamberimize saldırmış olmasından korkup yanına gitmek istedim fakat, "Olduğun yerde dur, ben gelinceye kadar hiçbir yere kımıldama" dediğini hatırlayarak kendisi yanıma gelinceye kadar bekledim. Yanıma gelince, " Bir ses duydum ve korktum" deyip duyduklarımı ona tekrarladım.

Bana, "Sen onu duydun mu?" diye sordu, kendisine duyduğumu söyledim. Sonra şöyle buyurdu:

"O Cebrail'di, bana gelerek, ümmetinden Allah'a hiçbir şeyi ortak koşmaksızın ölenler cennete girer dedi. Kendisine, zina ve hırsızlık etmiş olsa da mı diye sordum. Bana evet dedi. Zina ve hırsızlık etmiş olsa bile. (Buhari, *Sahih-i Müslim*)

Evet, Allah bizleri kendisine şirk koşmadığımız sürece affetmeye açık. Bakar mısınız biz kulların da hakkı var Allah üzerinde ne güzel. Bunu bugüne kadar duymamıştık. Söylemediler bize güzel dinimizi anlatanlar!

Sevgili Peygamberimiz, insanlar bu güvenceye kapılıp da belki ibadet etmezler düşüncesi ile, "Ey Muaz, uyuşukluk ederler" diyordu. Uygun zamanı bekliyordu ashaba müjdeyi vermek için belki de... Fakat bu hadislerin öğrenilmesi için de kayıt tutturmuştu söylediği her kelimeyi... Bu yüzden günümüzde hadisler var. Allah bize müjdeler veriyor, bunu da sevgili Peygamberimiz aracılığı ile yapıyor...

Allah'a hamd olsun...

Elbette gevşeklik göstermeyeceğiz, Allah'ın emirlerini yerine seve seve getireceğiz ki ruhumuz beslensin, Allah'ın bizim hiçbir şeyimize ihtiyacı yok. O Samed'dir, kulları Allah'a muhtaçtır. İbadeti, ruhumuzu beslemek ve Allah'a yakın olmak için yaparsak gerçek huşu gelecektir inşallah.

"Sana bıraktım Allah'ım" cümlesinin verdiği
hafiflik pamuk zerresinde yok.
Çok şükür...

Tam hiçbir şey yolunda gitmiyor diye düşünürken bir ayet ferahlattı yüreğimi:

"Gevşeklik gösterip üzülmeyin, eğer hakikaten inandıysanız sonunda kazanan siz olacaksınız."

– Âli İmran 139

FAZLA DEĞER VERMEK İYİ MİDİR?

Seni ne hayat yoruyor ne de insanlar! Asıl kendi kendini yoruyorsun. Nasıl mı?

Değer ve önem vererek...

Unutma! Zihin önem vermediğin kişilerin üzerinde durmaz ve sana vesvese vermez.

Sana insanlara değer verme demiyorum, yanlış anlamanı istemem, fakat bazılarına hak ettiği kadar değer vermek gerekir. Denge her zaman önemlidir. Her şeyin fazlası zarardır. İhtiyacımız olan su bile bugün hayat veriyorsa yarın bizi boğabilir öyle değil mi?

Hz. Mevlana'nın bu konudaki sözü çok anlamlıdır:

"Ey can hiç kimseye hak ettiğinden fazla değer verme.

Ya onu kaybedersin ya kendini mahvedersin."

Biliyorum bazen elinde olmadan bunu yapıyorsun, çünkü Allah'ın Rahman sıfatı üzerinde o kadar fazla tecelli ediyor ki... Bu yüzden iyilik yüreğinden kayıp gidiyor.

Senin bu iyiliğini her zaman kullanmak isteyen insanlar olacaktır, asıl sorun bu. Evet, kesinlikle sorunun ta kendisi... Peki, o halde şimdi ne yapabilirsin?

Elbette yine Allah'a koşacağız.

Rabb'imiz bize Rum Suresi 47'de bir müjde daha veriyor: *"Müminlere yardım etmek ise üzerimizde bir haktır."*

Çok şükür... Ne zaman başımız sıkışsa Allah'a koşmayı seviyorum. Evet, ne güzel bir müjde görüyor musun? Allah sana söylüyor bunu, mümin olan sensin ve sana yardım etmenin üzerinde hak olduğunu bildiriyor.

Bundan daha güzel bir haber olabilir mi?

Senin de bazı kalıplarını aslında kırman gerekecek. Örneğin beyninde kime değer versem canım yanacak gibisinden oturmuş büyük bir kalıp var. Biliyorum bu kalıbın oluşmasında insanların geçmişte sana yaptıkları haksızlıklar var.

Yine de her iyilik yaptığımız bize kötülük yapacak anlamına gelmiyor. Mesela iyilikten maraz doğar, kötülük doğar gibi bir kalıpla büyüdük, önce bu sorunu çözmemiz gerekiyor, yoksa bir kısırdöngüde kalmaya devam edersin.

İnançlarımız niyete ve niyetlerimiz ise gerçeğimiz haline dönüşmeden bizi yaralayan beynimizdeki bu kodu, bu virüslü düşünceyi çözmeye vesile olmak isterim.

Artık her şeyin farkına vararak uyanmış bir durumda yaşama bakmana vesile olmak da benim üzerimde haktır.

Ey herkesin derdini kendine dert edinen vicdanlı insan!
Allah'ın Rahman sıfatını ne güzel de taşıyorsun.

İYİLİĞİN KARŞILIĞI NEDİR?

"Merhametten maraz doğar" sözü atasözü olarak geçiyor. Atalarımız demek ki bizim gibi geçmişte kime iyilik yaptıysa kötülük buldu ve ortaya bu söz çıktı.

Ancak bu söz tarihe geçen, kaderimizi etkileyen kara bir yazıdır. Şeytan da atalarımızı etkilemiş olmalı ki beyinlerinde bu bilinç oluşmuş.

Bu sözün üzerinde niye bu kadar duruyorum? Çünkü bu söz kadere karışmaktır. Birincisi geleceği tahmin etmiyor, buna son derece inanıyorsun. Yani iyilik yaptığında başına bir kötülük geleceğine, canının yandığına inandırılmışsın.

Oysa kaderimizi, geleceği Allah bilirken bu konuda net bir fikre sahip olmak, başına neler geleceğini bildiğini iddia etmek sence doğru mu?

Allah bizim isteklerimizi bize verir, bizim içimizde iyilik yaptığımızda başımıza kötülük gelmesine dair yüksek bir inanç ve enerji varsa bunu elde edeceksin!

Hem kadere karışıyor, hem de farkında olmadan bu inancı besliyorsun farkında mısın?

İkincisi ise iyilik yapıyor ama karşılığını kuldan bekliyorsun. Asıl sorun da bu!

İyiliği niçin Allah'tan beklemiyorsun? Sonuçta insan Allah rızası için iyilik yapar, karşılığını beklemek için yapılan iyilik zaten iyilik değildir öyle değil mi?

Şayet sen yaptığın fedakârlığın karşılığını Allah'tan beklersen Allah zaten iyilik yaptığın insanın kalbine sana karşı güzel duygular verir. Yani demek ki bizim bu konuda da Allah'a koşmamız gerekiyor. Önce Allah'a sen git ki, Allah da, yüce dost da sana ikramda bulunsun. Karşına güzel insanlar çıkarsın. Hayırlar nasip etsin.

Oysa Allah iyiliği emreder. İyilik yapma bak kötülük bulacaksın diye sizi kodlamışlar bugüne kadar. Buna inandığınız için de hep aklımıza gelen başınıza gelmiş!

Allah'ın iyiliği buyurduğuna dair ayetleri de paylaşayım ki kafama göre konuşmamış olayım:

"*Sen, Allah tarafından bir rahmet sebebiyle onlara yumuşak davrandın. Eğer kaba ve katı yürekli olsaydın, onlar etrafında dağılıp gitmişlerdi bile.*" (Âli İmran 159)

Allah Peygamber efendimiz için buyuruyor, Peygamberimizin, yumuşak davranmanın, iyilik etmenin karşılığını aldığını görüyoruz. Allah rahmet ediyor insanların kalbine ve insanlar kaçıp gitmiyor.

Çünkü insanların ne olursa olsun şefkate, hoşgörüye, sevgi enerjisine ihtiyacı vardır. Biz Allah rızası için iyilik edersek Allah da karşılığını ummadık bir anda zaten verir.

Yunus Suresi 26'da ise Allah buyurdu:

"*Güzel davrananlara daha güzel karşılık, bir de fazlası vardır.*"

Yani sen iyilikten vazgeçme. Bırak zarar görmeyi, yaptığın iyiliğin daha da fazlasını alacaksın inşallah.

Ve ben seni asla ve asla motive etmiyorum, motive geçici bir enerjidir. Ben sana hakikati anımsatıyorum. Hakikat Kuran'da geçendir. İyilik sana iyilik getirecektir. Allah Kuran'da net bir şekilde böyle buyurmuştur.

Rahman Suresi 60'ı da anımsamanı isterim:

"İyiliğin karşılığı yalnız iyiliktir."

Demek ki iyiliğin karşılığı kötülük değilmiş. Yüce Allah her zaman doğru olanı söyler. Hak olanı söyler. O halde iyiliğin karşılığı kötülüktür, iyilikten kötülük doğar sözü şu an net olarak çürümüştür.

Artık insanların kalbinde yeni bir bilincin doğma zamanıdır. İyiliğin karşılığı yalnızca ve yalnızca iyiliktir. Bunu böyle bil kâfidir!...

ALLAH İKRAM EDEN KULUNU SEVER VE DUASINI GERİ ÇEVİRMEZ

Evet, Allah kendisi ikramı çok sevdiği için ikram eden, sevdiği şeyleri paylaşan kullarını da çok sever. O kulların Allah katında değeri farklıdır.

Hz. İbrahim(as) yemek yiyeceği vakit onu paylaşmak için evin damına çıkar, bazen de neredeyse bir fersah mesafe kat eder, sağa sola bakar, kendisiyle birlikte yemek yiyecek birini arardı. O, ikramı, paylaşmayı çok seven bir Peygamberimizdi. Hatta yemeğini paylaşacak birini bulamadığında, acaba Allah benden rahmetini mi kesti diye kaygıya düşüp üzülürdü.

Sevgili Peygamberimiz Hz. Muhammed(sav) de buyurmuştur ki, yemeğin en hayırlısı üzerine birçok elin uzandığıdır.

Paylaşımda bereket ve rahmet vardır. İkram edene Allah da ikram eder. O kulunu memnun eder, dualarını geri çevirmez. Bu konuda sevdiğim bir kıssa vardır dinlemeni isterim:

Zamanın birinde günahkâr bir adam vardı, ayık gezmezdi. Bütün bir köy halkı yaka silkiyordu adamdan, "Ölse de kurtulsak!" diyorlardı.

Bir karısı vardı bu adamın, bir de kendisi. Hiç çocukları olmamıştı. Köy halkı böyle bir adamın zürriyetinin olmadığına memnundu. Kadın ise, adamın haline üzülse de ses çıkarmazdı, çıkaramazdı.

Otuz yıldır evliydiler, döverdi, kızardı, her gün biriyle kavga ederdi. Ama kocasıydı işte, evinin erkeği idi. Adam iyice yaşlanmıştı artık. Öksürük nöbetleri uykusunu bölüyor, iki basamak merdiven çıksa nefes nefese kalıyordu.

İyice zayıflamıştı, zaten kısacık olan boyuyla bir çocuk gibi kalmıştı. Kadıncağız ellerini açıp dualar ediyor, "Ahir ömründe olsun şu adamın hali biraz düzelsin" diye yalvarıyordu Allah'a...

Adam bir sabah evden çıktı, fakat ertesi sabah oldu, dönmedi. Tanyeri ağarırken kadın aramaya çıktı kocasını. Kim bilir yine nerede sızıp kalmıştı! Köyün üst tarafındaki çeşmenin başına gitti önce, orada içerdi adam ama bulamadı.

Yakındaki tarlaları aradı, köyün dört bir yanına baktı, yoktu. Eve gelmiştir belki diye koşarak geri geldi, hayır, dönmemişti. Güneş inmek üzereydi, acele abdest aldı, namaza durdu. Duası bitmek üzereydi ki, kapının çalındığını duydu.

Kocasıydı gelen. Adamın yüzü sapsarı kesilmişti. Öksürüyordu, eliyle göğsünü işaret ediyordu. Kadın koluna girdi kocasının, güçbela sedire kadar taşıdı. Uzandı adam, karısının yüzüne baktı, ağlıyordu. Doğrulmak ister gibi yaptı, hakkını helal et diyecekti, lafının sonunu getiremedi, başı yastığa düştü, ölmüştü...

Kadıncağız kocasının başında epey bir ağlayıp feryat etti. Biraz kendine gelince gözlerini sildi, yemenisini bağladı. Kalktı, imamın evine gitti.

"Hocam..." diyebildi hıçkırarak. Söyleyemiyordu, ama imam efendi durumu anlamıştı. Kadının yüzüne baktı, köylü ne der diye düşündü, bocaladı.

"O mendebur bir kez bile caminin kapısından içeri girmedi, kaldırmam onun cenazesini" deyip kapıyı kapadı. Kahroldu kadın. Nereye gitsem, ne yapsam diye düşündü. Kimseleri yoktu ki, çaresiz eve döndü. Yıkadı kocasını, sandıktan çıkardığı beyaz bir çarşafa sardı, omzuna aldı, mezarlığın yolunu tuttu.

Caminin köşesinden dönerken, muhtar ve köylülerin kendisine doğru gelmekte olduğunu gördü. Bir kez daha düğümlendi boğazı, cenazesi omzundan kayarken, dizlerinin üzerine çöktü, ellerini yüzüne kapatıp ağlamaya başladı.

Hışımla yaklaştı muhtar. "Onu nereye götürüyorsun?" dedi. "Mezarlığa götüreyim deme sakın! Sağlığında biz çektik, bir de ölülerimiz çekmesin o herifin elinden..."

Kadın gözlerini çarşafın üzerine dikmiş, öylece duruyordu. Birden bağırmaya başladı, delirmiş gibiydi sanki. Kalabalık yanından korkuyla uzaklaşırken, cenazesini tekrar yüklendi, köyün dışına doğru yürümeye başladı.

Kan ter içinde kalmıştı kadın, artık adım atacak hali yoktu. Kendi kendine, "Şuracığa gömeyim adamımı" dedi. "Kimseler rahatsız olmaz burada..."

Tam o anda bir ayak sesi duydu, irkildi, bir çobandı gelen. Kadıncağız her şeyi olduğu gibi anlattı. Üzüldü çoban, gözleri doldu.

"Dert etme..." dedi. "Ben yardım ederim sana."

Bir çukur kazıp cenazeyi gömdüler. Çoban başucunda durdu mezarın, ellerini açtı, dua etti. Birkaç çiçek buldu kadın, toprağın üstüne serpti. Çobana dualar ederek evine döndü. Yorulmuştu. Camın kenarına oturup uzaklara daldı. Uyuyup kaldı oracıkta.

Ertesi sabah imamın kapısını telaşla çaldı muhtar. Bir yandan tokmağı vuruyor, bir yandan da "İmam efendi, imam efendi!" diye bağırıyordu.

İmam korkuyla açtı kapıyı.

"Bir rüya gördüm..." dedi muhtar. "Hocam o berduş, o serseri adam cennette idi. Bana gülüyor, hakkım sana bile helal olsun diyordu."

Rüyayı duyan imamın beti benzi attı, kendisi de hemen hemen aynı rüyayı görmüştü. "Gel hele, içeri gel..." demeye kalmadı ki, köyün delisini gördüler. Koşarak geliyor, bir yandan da bağırıyordu:

"Demedim mi ben, demedim mi size, rüyamda gördüm, rüyamda..."

Birkaç köylü daha benzer rüyalar gördüğünü söyleyince, kadının yanına gitmeye karar verdiler. Özür dileyecek, kendilerini affettirmeye çalışacak, bu arada işin aslını öğreneceklerdi. Bir şeyler olmuştu ama neydi?

Eve vardıklarında kapıyı açan kadın şaşkındı. Kapıyı

yüzlerine kapatacak oldu, yapamadı. Gelenler olan biteni anlatıp özür diledi, cenazeyi nereye defnettiğini, neler olduğunu sordular.

Kadıncağız her şeyi anlattı, can kulağı ile dinlediler ve çobanı bulmaya karar verdiler. Bir yandan yürüyor bir yandan da aralarında konuşuyorlardı:

"Bu çoban bir evliyaydı herhalde, belki de Hızır'dı."

"Aslında rahmetli o kadar da kötü bir adam değildi."

Tarif edilen yere geldiklerinde çoban koyunlarını otlatıyordu.

Gelenleri görünce ayağa kalktı, "Hayırdır inşallah..." dedi. Oturdu, onlara süt ikram etti, konuşmaya başladılar. Çoban söylenenlerden hiçbir şey anlamamıştı, cenazeyi nasıl defnettiklerini anlattı.

"Ben bir garip kulum..." dedi. "Cenazeyi defnettik, başucunda oturup dua ettim sadece, hepsi bu."

Merakla nasıl bir dua ettiğini sordular, çoban da söyledi:

"Allah'ım, ben dağda koyunlarımı otlatırken kulların gelir yanıma, selam verirler. Senin selamınla gelen senin misafirindir der, ağırlarım. Süt ikram eder, azığımı paylaşırım. Şimdi de ben sana bir misafir yolluyorum, onu da sen ağırla."

"Allah ikramı seven kullarını çok sever.
Sen insanlara ikram et ki Allah da sana
ikramlarda bulunsun. Hayırlı kapılar açsın."

De ki: "Umudumu canlı tutan Allah'a hamd olsun. O ummadık yerden hayırlı kapılar açan Fettah'tır."

ALLAH KISKANMAYI KADININ FITRATINA KOYMUŞTUR

Çoğu ilişkinin kıskançlık yüzünden bittiğine ya da zarar gördüğüne şahit oluyorum. Belki sen de bu satırları okurken kıskançlık konusundan muztaripsin... Bizler kıskançlığı çok abartıyoruz bütün sorun bu. Her şeyi abarttığımız gibi kıskanmayı da paranoya haline getiriyoruz.

Kafamızda adeta şeytan senaryolar yazıyor. Eşin için karşılaşacağın en kötü tabloyu şeytan sana vesvese vererek çiziyor beyninin içinde...

Hem güvensiz oluyorsun, hem de bütün yaşam enerjini kaybediyorsun. Bu seni depresif bir hale getiriyor. Sana hak veriyorum. Geçmişin, yaşadığın haksızlıklar bu kıskançlığı tetikliyor olabilir.

Ama geçmişte yaşadığın bir olay sürekli başına gelecek değildir. Böyle bir kanun yok, bunu biz düşünce gücümüz ile en olumsuzuna inandığımız için hayatımıza adeta çekiyoruz.

Kafamızda hep; ya böyle olursa, ben o zaman ne yaparım, nasıl bir karar alırım gibi düşünceler var. Kaygılarımız yüksek. Kaygı bir derecede normaldir fakat ötesi zarar vermeye başlar. Bir araba düşün, motor sesi elbette olacaktır, ancak fazla ses çıkarsa servise götürmek zorunda kalırız öyle değil mi?

İşte bizim o ses çok fazla çıkıyor. Nefis sus demekle susmaz, ama sana daha önce de anlattığım gibi nefsine, "Geleceği Allah bilir" dediğinde susmaya başlar. Senin uyandığını fark etmiştir artık nefsin.

Aslında kıskançlık güzeldir, hatta kadına şehit sevabı bile kazandırır. Sevgili Peygamberimiz ölüm döşeğinde olan Hz. Hatice(ra) annemizin yanına gelir, "Biliyor musun ya Hatice, dünyadaki zevcelerim, eşlerim dışında ahrette dört zevcem daha olacak" der.

Bunun üzerine Peygamberimizi hiç bugüne kadar kıskanmayan Hz. Hatice(ra) annemiz kıskançlık duygusuna kapılır ve üzülerek biraz da çaresizce, "Gerçekten mi?" der gözyaşlarını tutamayarak.

Onun kıskandığını anlayan sevgili Peygamberimiz tebessüm ederek dışarı çıkar. Yanlarında bulunan ve bu konuşmaya şahit olan Hz. Fatıma(ra) annemiz Peygamberimizin arkasından koşarak seslenir:

"Babacığım neden annemi son anlarında böyle üzdünüz?"

Sevgili Peygamberimiz karşılık verir:

"Kızım, niyetim anneni üzmek değil, annenin amel defterine baktım az önce, bir amel hariç bütün amellerin sevabını almış. Eksik olan ameli ise eşini kıskanmamak... Çünkü beni bugüne kadar hiç kıskanmamış. Ben de bu sevaptan mahrum kalmasın diye onu kıskandırdım. Biraz üzüldü ama çok şükür ki o ameli de tamamlayıp sevabını aldı."

Sonra devam eder:

"Allah erkeklere cihadı yarattığı gibi kadınlara da kıskançlık duygusunu yaratmıştır. Yani onların fıtratına bu duyguyu koymuştur. Kadınlardan her kim buna sabrederse şehit sevabı kazanır." (Münavi, *Feyzul Kadir* 2/249)

Peygamberimiz bir gün ashabına, "Size cennetlik kadınların kim olduğunu haber vereyim mi?" diye buyurdu.

Ashap, "Buyurun haber verin ya Resulullah" dediler.

Sevgili Peygamberimiz bu saadeti hak eden kadınları şöyle tanıttı:

"Onlar kocalarını çok severler. Onlara çocuk verirler. Bir kızgınlık anında veya kendisine kötü davranıldığında ya da kocası ona kızdığında elini kocasının elinin üzerine koyar ve ona, işte elim elinde, sen benden razı olmadıkça uyumayacağım der.

Böyle bir kadın karşısında eriyip yumuşamayacak ve kusurun biraz da kendisinde olduğunu söylemeyecek erkek çok azdır. Kocasına karşı tevazu gösterip sabırla bu şekilde davranan kadının dünyası ve ahreti de cennet olur.

Böyle yaklaşan bir kadına yine sert davranan erkeğin hesabını da Allah görür." (Taberani, *El Kebir* 19/140; Heysemi, *Mecmauz Zevaid*; Münziri, *Et Tergib*)

Allah bir evin rızkının bereketini
karıkoca muhabbeti arasına gizlemiştir.

– Hz. Muhammed(sav)

İnsanı mutlu eden
parası, malı ve mülkü değildir.
Sahip olduğu imanı
sağlığı ve gözlerinin içi gülen hanımıdır.

KADINLARI TAKDİR EDEN KULA NE MUTLU

Kadınlar hizmeti seven varlıklardır. Eşlerini, sevdiklerini mutlu etmek ister, onlar için giyinir, süslenir ve yemekler yaparlar. Bunu severek yaparlar elbet; fakat neticede insandır, karşılığında küçük bir teşekkür bekler. Bu teşekkürü çok fazlası ile hak eder kadınlarımız...

Fakat görüyorum ve şahit oluyorum ki, erkeklerimiz bu konuda genelde eksikler. Ya da gurur yaparak bir teşekkürü çok görüyorlar. Bazı erkekler ise bırakın teşekkürü hiçbir minnet duygusu içinde olmadığı gibi kadını bozuyor. Yaptığı yemeği beğenmiyor, kadıncağız emeğinin karşılığını gurur kırıcı sözlerle alıyor.

Bu sadece evlilikte değil dostluklar arasındaki ilişkilerde de olabiliyor. Oysa takdir eden kulu Allah da takdir eder. Kim bir insanı sevindirirse, Allah da onu sevindirir.

Sevgili Peygamberimizin bu konudaki yaklaşımını anımsatmak isterim:

Suffa ehlinden bir fakir elinde bir kâse dolusu üzümle Resulullah'a(sav) gelir ve hediye eder.

Resulullah(sav) hediyeyi kabul eder ve üzümden yemeye başlar.

Bir tane yer ve tebessüm eder...

İkincisini yer ve tebessüm eder...

Öyle ki hediyeyi getiren adam sevincinden uçacak duruma gelir.

Sahabeler de dikkatlice Resulullah'ı(sav) izlemeye koyulurlar fakat gittikçe şaşkınlıkları artar: Peygamberimize ne hediye edilse ashabıyla paylaşırdı... Fakat bu sefer paylaşmadı. Ve her üzümü yiyişinde de tebessüm etmeye devam ediyordu. Öyle ki anam babam ona feda olsun.

Kâsedeki üzümü bitirdi. Sahabeler çok şaşkınlardı. Fakir adam ise sevincinden uçuyordu.

Adam çıkıp gittikten sonra sahabeden biri sordu:

"Ya Resulullah neden bizi de yediğinize ortak etmediniz?"

Resulullah(sav) tebessüm ederek buyurdu ki:

"Adam getirdiği bir kâse üzümden dolayı ne kadar mutluydu... Bir tane alıp yediğimde üzüm acıydı. Sizi yediğime ortak ettiğimde gayriihtiyari yediğiniz üzümün acılığından dolayı yüzünüzü ekşitip o adamın sevincini bozmanızdan, mutluluğunu yarıda bölmenizden endişe ettim ve korktum."

Takdir eden kulu
Allah da takdir eder.
Kim bir insanı sevindirirse
Allah da
onu sevindirir.

Allah'ım!
Üzerimize yağmuru yağdırdığın gibi aşk yağdır,
şifa yağdır, huzur yağdır, ilim yağdır.
Senden gelecek ikramlara muhtacız.

ŞEYTAN SENİ GÜNAHKÂRSIN DİYE SIKAR!

Biz insanlar, kullar hatalı varlıklarız. Zaman zaman günahlarımız da olmakta. Bugüne kadar bizi bazı ilim adamları ve şeytan hep günah ile korkuttu. Öyle bir izlenim oluşturdular ki sandık ki Allah bizi hiç affetmeyecek.

Bu yüzden takıntılarımız oldu, kaygılarımız oldu. Biz Allah'a koşarken çocuksu masumiyetimiz ile bu sefer geri kaçmaya başladık!

Oysa merhamet, sevgi ve şefkati var eden Allah, kullarını affetmeyi her şeyden çok sever. Tövbe eden kullarına değil ceza; ikramlarda bulunur.

Bugün yeni bir uyanış olsun, beyinlerimize kazılan günahkârlık korkusunu söküp atalım, atalım ki Allah'a koşabilelim... Allah'a sığınabilelim... Allah'a bırakabilelim...

Bir gün Hz. Şit,(as) babası Hz. Âdem'e(as) sorar:

"Babacığım Hz. Muhammed'den çok söz ediyorsun. Allah katında sen mi kıymetlisin yoksa o mu?"

"O kıymetli evladım."

"Neden babacığım?"

"Çünkü Cenabı Hak, bana vermediği altı fazileti onun ümmetine verdi oğlum."

Hz. Şit[(as)] merak etti:

"Onlar nedir babacığım?"

"Birincisi, Hak Teâlâ bir hatamdan dolayı beni cennetten çıkardı. Onun ümmeti çok günah işleseler de onları yine cennetine alır.

İkincisi, benim hatamı, bütün yer ve gök ehli duydu. O ümmetin binlerce günahını örter, göstermez.

Üçüncüsü, beni bir hatam sebebiyle Havva'dan ayırdı. Onun ümmetini, binlerce günahları olsa da, eşlerinden ayırmaz.

Dördüncüsü, ben üç yüz yıl ağladıktan sonra tövbem kabul olundu. Onlar ise sadece pişman olsalar, affolunurlar.

Beşincisi, ben bir hata işlemekle, üzerimden cennet elbisesi alındı. Onlar, nice günahlar işlese de elbiseleri alınmaz.

Altıncısı, bana, tövbem kabul olunması için Arafat'a gitmem emrolundu. Onlar ise gönülden pişman olup, 'Affet ya Rabbi!' deseler, Hak Teâlâ, 'Affettim!' buyurur."

Evet, şimdi görüyor musun? Allah Peygamberini affetmek için ne kadar uğraştırmış. Biz kulları ise ne kadar şanslıyız. Oturduğumuz yerden eziyet çekmeden kalben bir af dileyerek Allah her şeyi sıfırlıyor adeta. Yeni doğmuş bir bebek gibi hayata başlıyorsun...

Rahat ol güzel insan, hiç takıntı yapmaya gerek yok. Allah af dileyen kullarıyla birliktedir. Sen abdest alırken bile seni bir yandan affeder.

Bir gün Hazreti Osman[(ra)] abdest alıyor. Abdest bitiyor,

kurulanıyor, gülmeye başlıyor. Yanındakiler, hayırdır inşallah diyorlar.

Hazreti Osman(ra) onlara soruyor:

"Ne için güldüğümü niye sormuyorsunuz?"

Yanındakiler de soruyorlar:

"Efendim affedersiniz, niye gülüyorsunuz?"

Hazreti Osman(ra) anlatıyor:

"Bir gün, benim şu abdest aldığım yerde Resulullah abdest alıyordu. Biz de oradaydık. Resulullah abdestini aldı, gülmeye başladı. Sonra, 'Neden güldüğümü niye sormuyorsunuz?' buyurduğu hatırıma geldi."

"Peki efendim ne oldu?"

"Biz de, 'Ya Resulullah, niye güldünüz?' diye sorduk.

Cevaben buyurdu ki: 'Bir müminin abdestte, yüzünü yıkarken, bütün günahlarının suyla beraber aktığını görüyorum. Elini yıkarken, başına meshederken, ayaklarını yıkarken bütün günahlarının döküldüğünü görüyorum. Ümmetim kurtuluyor diye sevinip, ben gülmeyeyim de, kim gülsün?' "

"Güzelce abdest alan günahlarından sıyrılmış olur." (Hadisi Şerif, Buhari)

İşte güzel Rabb'imiz bizi böyle düşünüyor. Mağdur olmamamız için her koşulda günahlarımızı temizliyor. İnsanlar bize günahlarımızı hatırlatır, hatalarımızı yüzümüze vururken Allah gizliyor ve temizliyor. İşte bu yüzden Allah'tan başka dost yoktur. Bu yüzden Allah'a koşalım.

Allah, Hz. Hamza'yı(ra) şehit ettikten sonra paramparça eden Vahşi'yi bile affetmiştir.

Hz. Peygamberimiz,(sav) Hz. Hamza'nın(ra) katili Vahşi bin Harb'e haber göndererek onu İslam'a davet etti. Vahşi, Hz. Peygamberimize(sav) şu haberi gönderdi:

"Ey Muhammed! Sen beni İslam'a nasıl davet edersin? Halbuki senin iddiana göre adam öldüren veya Allah'a ortak koşan veya zina eden bir kimse günahlarla karşı karşıya gelir. Onun için kıyamet gününde azap kat kat verilir. O azapta rezil ve zelil olarak kalır. Ben ise bütün bunları yaptım. Acaba benim için bir ruhsat var mıdır?"

Bunun üzerine Allah, Furkan Suresi'nin şu ayetlerini nazil etti:

"Ancak tövbe ve iman edip iyi davranışlarda bulunanlar başka; Allah onların kötülüklerini iyiliklere çevirir. Allah çok bağışlayıcıdır, engin merhamet sahibidir." (Furkan 70)

Bunları duyan Vahşi, "Ey Muhammed! Ancak tövbe eden, iman eden, salih amel işleyenleri istisna eden şart şiddetli bir şarttır. Belki de ben buna güç yetiremeyeceğim" diye haber saldığında, Allah Nisa Suresi'nin şu ayetini nazil etti:

"Doğrusu Allah, kendisine ortak koşulmasını asla affetmez. Ondan başkasını (diğer günahları) ise, dilediği kimseler için bağışlar ve mağfiret buyurur. Her kim Allah'a şirk koşarsa gerçekten pek büyük bir günah ile iftira etmiş olur." (Nisa 48)

Yine Vahşi bin Harb şöyle haber gönderdi:

"Ey Muhammed! Görüyorum ki bu da Allah'ın isteğinden sonra olur. Bilmiyorum Allah beni affeder mi, affetmez mi? Bundan başkası var mıdır?"

Bunun üzerine Allahü Zülcelal, Zümer Suresi'nin şu ayetini nazil etti:

"De ki: Ey nefisleri aleyhine ileri gitmiş olan kullarım, Allah'ın rahmetinden ümit kesmeyiniz, Allah tüm günahları bağışlar. Çünkü o çok bağışlayan ve çok esirgeyendir." (Zümer 53)

Vahşi bin Harb, bunları duyunca, "Evet!" dedi ve Müslüman oldu.

Halk, "Ey Allah Resulü! Vahşi'ye isabet eden bize de isabet etmiştir. Yani bizler de onun gibi günah işlemişizdir" dediler.

Bunun üzerine Hz. Peygamberimiz(sav) şöyle buyurdu:

"Bu ayetin muhatabı sadece Vahşi değil, bütün Müslümanlardır." (Taberani)

TÖVBE GEÇMİŞ GÜNAHLARINI DA SEVABA ÇEVİRİR

Hatalarımızdan dolayı affetmeyi kolaylaştıran Allah'a şükürler olsun. Tövbe konusunda çok duruyorum çünkü bu konuda psikolojisi bozulan kardeşlerimiz var.

Belki şeytan bu konuyu okurken işine gelmediği için rahatsız edebilir seni; fakat kitap bittikten sonra huzurla yoluna devam edeceğine inanıyorum...

Bu konuda birkaç hadisi paylaşmak istiyorum:

"*Günahlarından tövbe eden hiç günah işlememiş gibidir.*" (Tirmizi, *Berika*)

"*Hata yaparsanız hatta günahlarınız göğe yükselecek kadar da çok olsa tövbe ettiğinizde Allah kabul eder ve bağışlar.*" (*Tergib ve Terhib*)

"*Tövbe eden bir kimse Allah'ın dostudur ve günahtan halis tövbe eden bir kimse günahı olmayan bir kimse gibidir.*" (İbn Mace)

Bir adam sevgili Peygamberimiz Hz. Muhammed'in(sav) huzuruna gelerek, "Bütün günahları işleyen, yapmadık kötülük bırakmayan kimse tövbe etse kabul olur mu?" diye sordu.

"İslam dinine girdin mi?" dedi Hz. Peygamberimiz.(sav)

"Allah'tan başka ibadete layık hiçbir ilah yoktur" deyince adam, Hz. Peygamberimiz(sav) buyurdu:

"Hayır işler yapar, kötülükleri bırakırsan o zaman Allah geçmişteki bütün yaptıklarını hayır amellere çevirir."

Adam dedi ki:

"İşlediğim günah ve kötülükleri de mi?"

"Evet..." dedi Hz. Peygamberimiz.(sav) "Günahları ve kötülükleri de..." (Taberani)

Bakar mısın güzel insan, Allah sadece affetmiyor, günahlarımızı da hayırlı amellere çeviriyor. Hamd olsun.

Yüce dostumuz Allah'ı en çok sevindiren amelimiz tövbedir. Şeytanı da kahreden ameldir...

"Allah tövbe edenin tövbesinden dolayı; susamış kimsenin suya kavuşmasından, çocuğu olmayan birinin çocuk sahibi olmasından ve bir şeyini kaybetmiş birinin kaybettiğini bulmasından daha çok sevinir." (Ebu'l Abbas)

"Allah'ın kulunun tövbe etmesinden dolayı sevinci, birinizin çölde kaybetmiş olduğu devesini bulmasından dolayı duyduğu sevinçten daha fazladır." (Müslim – Tirmizi)

Madem Rabb'imiz bu kadar mutlu olacak, hâlâ neyi bekliyoruz? Haydi, *Allah'a koşalım...* Biz O'nu sevindirelim O da bizi sevindirsin.

TÖVBE RIZKINI DA BEREKETLENDİRECEKTİR

Peygamberimiz buyurdu ki: "Bana Cebrail Aleyhisselam geldi ve 'Ey Muhammed! Ümmetinden kim Allah'a şirk koşmadan ölürse cennete girecektir' müjdesini verdi.

Ben hayretle, 'Zina ve hırsızlık yapsa da mı?' dedim.

Cebrail Aleyhisselam, 'Hırsızlık etse ve zina yapsa da' dedi.

Ben tekrar, 'Demek hırsızlık yapsa ve zina etse de ha?' dedim.

'Evet...' dedi. 'Hırsızlık etse ve zina yapsa da' diye tekrarladı." (Buhari, *Tevhid* 33; Müslim, *İman* 153; Tirmizi)

Yine efendimiz buyuruyor ki:

"Allah tövbeye devam eden kişiye her sıkıntıdan kurtuluş ve her darlıktan bir genişlik verir. Ummadığı yerden kendisini rızıklandırır." (Nesai)

Rabb'imiz hem affediyor, hem dost ediyor, hem de rızık veriyor. Rızık konusunda müjdeyi Nuh Suresi'nde buyuruyor Rabb'imiz:

"Rabb'inizden mağfiret dileyin, çünkü O çok bağışlayıcıdır, af dileyin ki üzerinize bol bol gökten yağmur indirsin. Mal ve evlatlarınızı çoğaltsın. Size bahçeler ihsan etsin. Sizin için ırmaklar akıtsın." (Nuh 10-12)

CENNET SANA ÂŞIK OLSUN İSTER MİSİN?

Hz. Ali(ra) anlatıyor:

Bir ara Cebrail Aleyhisselam, Peygamberimize gelmiş. Onlar henüz birlikte iken Ebu Zerr(ra) de yanlarına çıkagelmiş.

Cebrail Aleyhisselam onu görünce, "Ebu Zerr" demiş.

Bunun üzerine Allah Resulü(sav) şöyle demekten kendini alamamış:

"Ey Allah'ın emini (Cebrail)! Sen Ebu Zerr'i tanıyor musun?"

Cebrail Aleyhisselam, "Evet. O göklerde yerdekinden daha ünlüdür. Oralarda onu tanımayan yoktur. Bu da her gün iki defa yaptığı duadan ileri gelmektedir. Melekler ona hayrettedirler. İstersen çağır da ona o duayı soruver" deyince, Resulullah.(sav) Ebu Zerr'i çağırmış ve şöyle demiş:

"Ey Ebu Zerr! Her gün yaptığın dua var mıdır?"

Ebu Zerr(ra) şöyle karşılık vermiş:

"Evet, anam babam sana feda olsun, ey Allah Resulü! O duayı herhangi bir insandan işitmedim. O, sadece Rabb'imin bana ilham ettiği cümlelerdir. Her gün iki kere onu söylerim. Bunu da şöyle yaparım:

Önce kıbleye karşı yönelirim. Allahü Teâlâ'yı bir miktar tespih eder (sübhanallah derim), bir miktar tehlil (la ilahe illallah derim) ve bir miktar da hamd ederim (elhamdülillah derim). Sonra da bir miktar tekbir getiririm (Allahüekber derim). Daha sonra şu duayı ederim:

Allah'ım! Senden daimi bir iman dilerim.

Allah'ım! Sana karşı gelmekten korkan bir kalp niyaz ederim.

Allah'ım! Senden yararlı ilim isterim.

Allah'ım! Senden doğru bir yakin, derinden inanmak dilerim.

Allah'ım! Senden sapasağlam bir din dilerim. Her belaya karşı afiyet dilerim.

Senden afiyetin tamamını ve devamını dilerim.

Verdiğin sağlık ve afiyete gereği gibi şükretmeye beni muvaffak kılmanı dilerim.

Ayrıca beni kimseye muhtaç etmemeni de dilerim."

Bunun üzerine Cebrail şöyle demiş:

"Ey Muhammed! Seni hak olarak gönderen Allah'a yemin ederim ki, ümmetinden her kimi bu duayı okursa, denizlerin köpüğü, yeryüzündeki toprağın sayısı kadar günahı olsa bile bağışlanır. Ümmetinden rastladığım herhangi bir kimsenin kalbinde bu dua bulunursa, Cennetler ona âşık olur. İki melek de devamlı olarak onun bağışlanmasını diler. Cennet kapıları ona açılır ve melekler ona şöyle seslenir:

'Ey Allah'ın velisi, hangi kapıdan istersen gir cennete.' " (Tirmizi, *Nevadirü'l-Usul fi Ma'rifeti Ehadisi'r-Rasul)*

Sen kusurlu ve eksik ol ki Allah kudretiyle tecelli etsin. Sen kendini yeterli ve mükemmel görürsen Allah neyine yardım etsin?

ÇÜNKÜ ALLAH ADİLDİR, KİMSENİN HAKKINI KİMSEYE BIRAKMAZ

Kesinlikle Allah adildir. Biz asaleti özümüzde, adaleti Rabb'imizde arayalım yeter ki...

Adalet konusunda her daim sıkıntı içinde olabiliyoruz. Tevekkül ettiğimizde, çözemediğimiz konuyu Allah'a samimi bir kalp ile arz ettiğimizde yüce adalet her zaman tecelli etmiştir.

Allah doğruyu her zaman açığa çıkarandır. Yeter ki sen Allah'ın adaletine güven, inan ve sığın.

Kıssaya kulak vermeni isterim:

Abbasi halifelerinin beşincisi Harun Reşit, sarayının bahçesindeki bir gül fidanını çok beğenir. Yaprağı, kokusu, görünüşüyle dikkatini çeken gülü özel bakıma alması için bahçıvana emir verir.

Bahçıvan üzerine titremeye başlar gülün, ne var ki sakınan göze çöp batar derler ya, aynen öyle olur. Bir sabah bahçıvan gelip bakar ki, gülün dalına konan bir bülbül, ne kadar yaprak varsa hepsini gagalayarak yere düşürmüş. Tek yaprak bırakmamış gülün başında. Korku içinde koşar halifeye:

"Sultanım..." der. "Üzerine titrediğimiz gülün yapraklarını bir bülbül gagalayarak yere dökmüş, tek yaprak bırakmamış gülün başında."

Harun Reşit, telaş etmeden cevap verir:

"Üzülme efendi üzülme..." der. "Bülbülün yaptığı yanına kalmaz."

Rahat bir nefes alan bahçıvan işine döner, bir gün bakar ki, bir yılan yaprakları düşüren bülbülü yakalamış, yutmak üzere, otların arasında kayıp gidiyor.

Heyecanla yine halifeye gelir:

"Sultanım..." der. "Bülbülü bir yılan yakalamış, yutarken gördüm."

Sultan yine telaşsız, "Merak etme efendi..." der. "Yılanın yaptığı da yanına kalmaz."

Bahçıvan yine işine döner, bir ara bahçede çalışırken otların arasında yılanı görür. Hemen elindeki küreğiyle darbe üstüne darbe indirerek yılanı orada öldürür.

Sevinçle geldiği halifeye durumu anlatır:

"Sultanım..." der. "Bülbülü yakalayan yılanı bahçede otların arasında yakalayıp küreğimle öldürdüm."

Harun Reşit yine sakin, "Bekle efendi bekle..." der. "Senin de yaptığın yanına kalmaz."

Nitekim çok geçmez bahçıvan hatalar yapar, yakalayıp halifenin huzuruna çıkarırlar, cezalandırılmasını isterler.

Halife emrini verir:

"Atın bunu zindana!"

Hemen yaka paça zindana doğru götürürlerken geriye dönen bahçıvan şunları söyler:

"Sultanım..." der. "Bülbülün yaptığı yanına kalmaz dediniz, onu yılan yuttu. Yılanın yaptığı yanına kalmaz, dediniz, onu da ben öldürdüm. Şimdi benim yaptığım da yanıma kalmıyor, sen zindana attırıyorsun. Herkesin yaptığı yanına kalmıyor da seninki mi yanına kalacak? Demek sana da bir yapan çıkacak, öyle ise gel sen bana yapma ki bir başkası da sana yapmasın."

Harun Reşit, "Doğru söyledin bahçıvan..." diyerek sözlerini noktalar:

"Bırakın bahçıvanı, çiçekleri sulamaya devam etsin."

Evet, sen yeter ki Allah'ı vekil edin de sıkıntını O'nunla paylaş, yalnızca *Allah'a koş*.

Hz. Musa,(as) Şuayb Peygamberimizin(as) yanında çobanlık yapıyordu. Bir gün çok uykusu geldi. Fakat koyunların etrafında bir sürü kurt vardı. Onlardan bir an gafil kalsa, koyunların hepsini parçalardı. Fakat uykusuzluktan ve rahatsızlıktan ayakta duracak hali kalmamıştı. Allahü Zülcelal'e dua ederek, "Ya Rabbi! Ben koyunlarımı sana teslim ediyorum" dedi ve uzanıp uyudu. Bir süre sonra uyanınca baktı ki, bir kurt kendisinin asasını omzuna almış ve çobanlık yapıyor. Musa Aleyhisselam bu duruma çok şaşırdı. Allahü Zülcelal ona vahiy nazil ederek buyurdu ki:

"Ya Musa! Şaşırma. Bu benim yanımda bir şey değildir. Sen daima benim istediğimi yerine getir, ben de senin istediğini yerine getiririm."

İşte Allah böyledir. Eğer kul O'nun istediği şekilde davranırsa, Allah da daima onunla beraberdir, daima onun her ihtiyacını yerine getirir.

Unutma ki Allah adalet terazisinin üzerindedir.

Allah adildir.
Senin kalbine yangın düşerse bunun hesabını bizzat kendisi en doğru zamanda soracaktır.

Allah'ım sen haksızlığa uğramışların hakkına şahitsin. İlahi adaletinle tecelli et ki kullarının kalbi gülüversin.

Maske takan insanlardan Allah'a sığınırım.
O herkesin iç ve gizli yüzünü bilen Habir'dir.

Asaleti özünde adaleti Rabb'inde ara.

De ki: "Herkes kendini haklı sansın,
ben haksız kalmakla mutluyum."

**Herkes layığını bulur şüphen olmasın.
Yeter ki sen beddua etme ki ilahi adalet tecelli etsin.**

**İnsanların yürekleri sevdikçe ve acı çektikçe büyür,
ruhları olgunlaşır, Allah katında makamları yükselir.
Baksana güzel insan, biraz daha derin baksana,
kaybettin diye görünenler aslında kazandıklarındır.**

De ki: "Rabbim adaleti emretti."

– Araf 29

SUÇLU KADER DİYORSUN!

En basit kurtulma, vicdanımızı rahatlatma ama şeytanı sevindirme şeklimizdir: Kadere suç atmak.

Kaderi suçlamak aynı zamanda Allah'ı suçlamaktır!

Allah'tan gelene razı olmadığın gibi bir isyan içine düşüyor ama farkında olmadan yaşıyordun belki de...

Adamın birinin günahlarla iç içe bir hayatı vardı. İbadete de pek yanaşmıyordu. Bir gün, bir hocayla bir araya geldiler.

Sohbet esnasında, "Hocam..." dedi. "Ben kaderin mahkûmuyum. İstiyorum, ama namaz kılamıyorum. Benim kaderimde namaz kılmamak varmış."

Hoca latifeyi seven biriydi. Dedi ki:

"Sen benim yıllardır arayıp da bulamadığım kimsesin. Demek kaderi okuyabiliyorsun. Söyle, benim kaderimde ne var?"

Adam şaşırıp kalmış, diyecek bir şey bulamamıştı. Hoca devam etti:

"Bak şurada çeşme var. Kollarını sıva, abdest al, ardından şurada iki rekât namaz kıl, bak o zaman kaderin nasıl değişecek. Kaderinde namaz kılmak olacak."

Yine Hz. Ömer(ra) kıssasına kulak vermeni isterim:

Hz. Ömer(ra) zamanında birisi hırsızlık yapar ve yakalanır. Kendisine hadd cezası uygulanacaktır. Adam can havliyle, "Ya Ömer, ben ne yapabilirdim? Bu benim kaderimmiş" der.

Hz. Ömer,(ra) hadd cezasını uygulattığı gibi, ayrıca sopa cezası da verir. "Bu da Allah'a iftira ettiğin için" der.

Sözgelimi güneş veya bir elma ağacı için böyle bir hürriyet yoktur. Güneş gerçekten kaderin mahkûmudur, kendisine belirlenen yörüngede yol almaya mecburdur.

Elma ağacı, elma vermeye mecburdur.

Ama insanın önünde tek yol değil, yollar vardır. Tek tercih değil, çok tercihler vardır. O, isterse iman eder, isterse küfrü seçer. İsterse şükreder, isterse nankörlük yapar. İsterse itaat eder, isterse isyan eder.

O, bir robot değildir. O, rüzgârın önünde savrulan bir yaprak değildir. Eli kolu bağlanıp denize atılmış, kendisine "Hadi, yüz bakalım!" denilmiş de değildir. Böyle olunca o mesuldür. Çünkü o, imtihan edilmektedir.

İnsanlar bana soruyorlar, "Peki hocam niye bu kadar çok vesveselerimiz var? Biz imanlı insanlarız oysa, şeytanın bizimle uğraşmaması gerekmez mi?" diye.

Aksine şeytan imanlı kalbi yoldan çıkartmaya çalışır. Çok dua eden, çok merhametli, çok iyilik etmiş, mazlum, mahzun kulları isyana götürmek için uğraşır, kalplerinde fitne ve fesat olanlar zaten şeytana adeta asker olmuşlardır. Bunu daha önce de anlatmıştım. Bu konuda sevgili Peygamberimizin bir hadisesi vardır.

Yahudi'nin biri, efendimiz hazretlerinin huzuruna geldi. Ve efendimiz hazretlerine, "Ey Muhammed! Huzurlu kalple ve şeytanın vesveselerinden uzak bir şekilde ibadet ediyoruz! Ama senin ashabından kendilerine vesveselerin geldiğini işitiyoruz!" dedi.

Bunun üzerine efendimiz hazretleri (yanında bulunan) Ebubekir(ra) hazretlerine, "Sen buna cevap ver!" buyurdu.

Bunun üzerine Hazreti Ebubekir(ra) buyurdu:

"Ey Yahudi! İki ev var! O evlerden biri altın, gümüş, inci, yakut, değerli kumaşlar ile dolu... Diğer evde, bu zikredilenlerden hiçbir şey yok. Bomboş ve harap bir evdir. Söyle bakayım hırsız bu değerli para ve eşya ile dolu eve mi girer; yoksa boş olan eve mi?"

Yahudi:

"Tabii ki hırsızlar, değerli eşya ile dolu ve para bulunan eve girerler."

Bunun üzerine Hazreti Ebubekir(ra) buyurdu:

"İşte Müslümanların kalpleri tevhid, marifet, takva, ihlas, iyi niyet ve benzeri faziletlerle doludur. Sizin kalpleriniz ise bu güzellik ve faziletlerden bomboştur. İşte bundan dolayı hannas olan şeytan sizin kalplerinize yönelmez. Şeytan sizi ne etsin?"

Bunun üzerine Yahudi hemen Müslüman oldu...

Kaderimi severim
yazandan
ötürü...

Her sıkıntıyı kadere yüklüyorsun.
Sana kimse söylemedi mi bu şeytanın tuzağı ve onun yoludur. İblis, Allah'a, "Senin yüzünden ben haset ettim, başkaldırdım" demiştir.

Sen Hz. Âdem'e(as) bak. O, "Ben nefsime zulmettim kabahat bende" demiştir. Âdem'i(as) bilen kendini, kendini bilen Rabb'ini bilir.

PAZARTESİYİ SEVENİ ALLAH DA SEVER!

Pazartesi gününü bize bugüne kadar kâbus olarak algılattılar. Bu algı adeta bir sendroma dönüştü insanlarda. Henüz pazar gününe başlarken bile, ertesini günü düşünerek, "Yarın yine pazartesi..." diye mırıldanmaya başladı insanlar.

Oysa pazartesi çok çok önemli bir gündür. Allah, pazartesi günü çok önemli olayların gerçekleşmesini sağlamıştır. Allah pazartesi gününü çok sever, niçin mi?

Çünkü pazartesi; sevgili Peygamberimiz Hz. Muhammed(sav) dünyaya gelmiştir.

Çünkü pazartesi; Hira Mağarası'nda ilk vahiy Cebrail Aleyhisselam tarafından gelmiştir.

Çünkü pazartesi; sevgili Peygamberimiz vefat etmiştir.

Çünkü pazartesi; Allah ağaçları, ruhu besleyen yeşilliği yaratmıştır.

Çünkü pazartesi; Peygamber efendimiz oruç tutardı. Kendisine niçin bugün oruç tuttuğunu sorduklarında, "Ben o gün dünyaya geldim ve o gün Peygamberlik verildi veya bana vahiy indirilmeye başlandı" buyurmuşlardır. (Müslim, *Sıyam* 197)

Pazartesi, yolculuk, ticaret ve rızık günüdür. Zira Allah Resulü(sav), "Pazartesi yolculuk ve ticaret günüdür" buyurdu.

"Ey Allah Resulü, bu nasıl olur?" dediler. Buna cevaben, "Çünkü o gün Şuayb Aleyhisselam, ticaret yapmak ve rızık kazanmak için yolculuk yapmıştır" buyurdu. (İbn Mace)

Her günün elbette ayrı ayrı değeri ve fazileti vardır. Fakat özellikle pazartesi sana zor geliyor diye üzerinde durmak istedim.

Evet, bu yüzden Allah pazartesi gününü çok sever. Pazartesiyi seveni ve aşkla bekleyeni de Allah sever.

DEPRESYONDAN KORKMA

Topluma kalırsa insanlara hasta etiketi yapıştırmaya bayılırlar. Çünkü bu büyük bir kazancı peşinden getirmektedir.

Allah üzülme duygusunu da yaratmıştır. Bu yüzden elbette üzüleceğiz. Zaten bütün sorun burada başlıyor; bizler sadece mutluluk yaratılmış gibi hayata odaklanmışız.

Bu kabullenmeme tüm yaşam enerjini almakta... Adeta hayallerin bu yüzden yıkılıyor... Bu yüzden lütfen hayata sadece mutluluk amaçmış gibi bakma. Sadece mutluluk yaratılmış gibi de bakma. Bu yeni bakış açısı üzerinde büyük bir ferahlık oluşturacaktır.

Bir insanın psikolojisi, dengesi elbette bozulabilir. Bizler robot değiliz. Bizim de bir kimyamız var.

Yaşadığımız haksızlıklar karşısında, ani gelişen kayıplar karşısında elbette tepki vereceğiz. Mutsuz olacağız, bu çok doğaldır. Bu olması gerekendir. Ancak bu bir hastalık değildir. Bu bir delilik değildir. Ancak sen yaşadığın ani gelişen bir sıkıntı karşısında doktora gidersin. O senin yüzüne bile bakmadan yazmaya başlar!

Şimdi bu adam ya da kadıncağız ne yapıyor? Beni dinlemiyor bile! Ama yapılacak bir şey yok, orada kurban rolünü üstlenirsin. Sana verilen ilacı içmen söylenir. Oysa sen hasta değilsin! İlaç hastalar içindir. İlaç nevrotik bozukluk yaşayan insanlar içindir.

Şimdi düşün! Kızcağız erkek arkadaşından ayrılmış. Bu sıkıntılı bir süreçtir, süreçler kendiliğinden geçer. Yaşamın akışında her şey değişir. Allah yardım eder. Allah kimseye ağır yük yüklemez. Fakat bu ayrılış yüzünden kız üzgündür. Üzgün olması çok olağandır. Peki, ilaç çözüm müdür? Hayır, ilaç sadece beyni uyuşturur, semptomu bastırır. Bu konuda aksini iddia eden olursa ben buradayım, bilimsel olarak açıklayabilirim.

İlacı içersin, bıraktığın anda vesveseler kafana üşüşmeye devam eder. Çünkü sen halının altına tozu süpürdün... Ev hâlâ kirli, sadece çöp görünmüyor, fakat kokusu yakında çıkmaya başlar...

Ben ilaca karşı bir insan değilim. Asla değilim... Sadece insanların kuruntularını sona erdirmek için onlara çare olunmasından yanayım.

Depresyon sevimsiz bir şey değildir. Seni çok iyi anlıyorum, belki bunları yazarken bana kızıyorsun. Bu adamın tuzu kuru diyorsun. Asla... Benim yaşadığım sıkıntılar başkasında olsa tüm enerjisi bitmiş halde yatalak olurdu. Yataktan çıkamazdı... Depresyonun ne olduğunu çok iyi bilirim.

En derinden yaşamıştım. Bu yüzden seni çok iyi anlıyorum. Amacım senin uyanışına vesile olmaktır. Seni seviyorum. Çünkü Allah seni severek yaratmış. Allah sana çok değer vermiş. Bu yüzden benim için çok değerlisin.

Allah tek yardımcıdır. Allah tüm sorunu çözer. Yeter ki *Allah'a koşmayı bilelim*. Allah, Şafi ismi ile tecelli etmezse hangi ilaç sana fayda verebilir? İlaç bile içiyorsan, o derece bir hastalık içindeysen şifayı Allah'tan bulacağına tevekkül ederek içmeni dilerim.

Şu hadisi kalbine yazmanı dilerim:

"*Bütün ihtiyaçlarınızı Allah'tan isteyin, hatta ayakkabı bağınızı bile!... Çünkü Allah kolaylaştırmazsa, ayakkabı bağını elde etmeniz bile kolay olmaz!*" (Beyhaki, *Şuab*, II, 41/1118)

"*Bir şey istediğin vakit Allah'tan iste! Yardım dilediğin vakit Allah'tan dile buyurmuştur.*" (Ahmed bin Hanbel, *Müsned*, 1/307)

"*Size bahşetmesini Allah'tan dileyiniz. Çünkü Allah kendisinden bir şey dilenmesinden hoşnut olur buyurmuştur.*" (Tirmizi, *Deavat* 115)

Elbette bu istemek samimi bir kalp ile olmalıdır. İçinde şüphe varken Allah'a dua ediyorsan bunu bir kez daha düşün. Önce içindeki şüpheleri öldür. Allah'a tam tevekkül ile yaklaş. Lütfen böyle yap...

Çeşitli hastalıklar da yaşayabilirsin. Bunun da çözümü Allah'tadır. Kendimden örnek vermek isterim. Vitiligo denilen bir tür sedef hastalığına yakalanmıştım. Yüzüm bembeyaz olmuştu. Bu konuda ne bir krem ne bir doktor tavsiyesi işe yarıyordu. Çünkü bu konuda çok derin bir araştırma yapmıştım. Yüzlerce insan bu konuda rahatsızdı. En iyi uzmanlara gittiklerini ama fayda göremediklerini anlatmışlardı.

Çare elbette Allah'ta idi. Eskiden bu hastalığa alaca

hastalığı denilirmiş. Veysel Karani hazretleri de bu hastalığa yakalanmış ve dua ile geçmiş. Bir gün secdede Allah'a sığındım: "Ya Rabbi sedef hastalığından sana sığınırım." Sadece bu kadar... Evet, ama samimi bir kalp ile yönelmeyi Allah lütfetti kendisine.

Ve ertesi gün yüzümdeki bütün lekelerin yok olduğunu gördüm. Çevremdeki insanlar soruyordu, "Uğur ne oldu da bir anda geçti?" diye. "Dua ettim" diyordum. "Nasıl olur!" diyorlardı. "Dua ile hastalık geçer mi?"

"Evet, şayet gerçekten geçeceğine inanarak Allah'a koşarsan bütün hastalıklar geçer. Allah'ın gücü her şeye yeter."

Cevabım bu oluyordu. Bunu biliyoruz, ama bilmekten söz etmiyorum. Ben senin hakikati hissetmenden yanayım. Gözlerini Hakk'a açmandan yanayım.

Bu yüzden depresyondan korkma, aksine sevin. Çünkü depresyon senin hayatın içinde göremediklerini görmeni sağlar. Adeta gözündeki çapaklar gitmiştir ve hayatı daha net görmeye başlarsın. Yanlış kararları ve yanlış insanları görerek yeni bir yol seçmen için Allah sana bir uyarıcı göndermiştir...

İnsanlar kendi hayatını yaşamadığı için mutsuz. Hep birileri mutlu olsun diye koşturmaktan yürekleri yorgun. Hepsi bu...

Yalnızlık Allah'a mahsus derler.
Oysa Allah yalnızlığı sevmez. Yoksa bunca mahlukat yaratıp onlarla ilgilenir miydi hiç?

“Tek”lik Allah’a mahsustur.
Allah birbirine sevgiyle bakan çiftleri sever.

Hangi dert baki kaldı ki?
Baki olan sadece Allah, gerisi ise geçicidir rüyadır.
Sen uyan ki dert kaybolsun.

Sıkıntı geldiğinde ben üzgünüm dersen üzüntüyü sahiplenmiş olursun. Benliği bıraktığında ise ruhunla bakmış olursun ve o an zihin susar. Sıkıntı rüzgâr gibidir, bir sıkıntı estiğinde de ki: "Üzüntü geldi ve esti." Bunu daima tekrarla, sorunun seni üzemediğini göreceksin.

Kararsız kaldığında de ki:
"Beni yaratan yolumu elbet gösterir."
– Şuara 78

Bak ne kadar haset insan var peşinde üzülme de sevin; firavun nefsi taşıyan o insanlara karşı Allah seni Hz. Musa'ya[as] ettiği rahmetle sarmış.

Sizi karalayan insanlar var ya işte onlar aslında size bayılıyor mest oluyorlar da hasetliklerinden böyleler.

Allah'ın rızasını kazanmaktan başka bir kaygın olmadığında göreceksin tüm korkuların, kaygıların bir anda yok olacaktır.

Sıkıntı bir rüzgâr gibidir, gelir ve geçer.
O halde gelip geçecek bir şeye mi bu kadar isyan ediyorsun?

İsyan seni deli eder, sabır ise Allah'a veli...

Yaramız var hepimizin.
Çok şükür yaramızı saran bir de Yaradan'ımız...

Keşkelerim yok benim, dilimde iki kelime:
Ya Allah ya kerim.

Sen "Bana Allah yeter" dediğinde şeytan der ki:
"Bak mutsuzsun ama..." İşte o an İblis'e de ki:
"Allah bana yeter bunu göreceksin!"
Ve Rabbim seni mahcup etmemek için, dileğin
hayırlı ise sana verecektir. Allah'a işini güvenle
bıraktığın için bu artık Allah üzerinde haktır.
Senin hakkındır.

SIKINTI VE MUSİBET CENNET ANAHTARIDIR

Artık farkındayız ki sıkıntı ve musibetin gelmesi imanımızın zayıflığından değilmiş. Sadece şeytan seni bu şekilde kandırarak kendini suçlu ve değersiz hissettiriyordu.

Seni bunalıma sokmak için, psikolojini bozmak için sürekli vesvese veren İblis'in maskesini düşürdükçe sana karşı bir hükmü de inşallah kalmayacaktır. Çünkü sen bir cihat içindesin. Allah rızası için sabrediyorsun. Allah yolunda olduğun bu sürede Allah her zaman sana rahmet eder. Seni her daim kollar. Kalbine genişlik ve ferahlık verir. Biliyorsun yüce dostumuz Allah bizlere taşıyamayacağımız, kaldıramayacağımız yük vermiyor. Şayet bir sıkıntı içindeysen ve bu sıkıntı seni zorluyorsa bil ki, Allah buna sabredecek ve bu yükü kaldırabilecek bir potansiyel, bir güç vermiş sana.

Yoksa Allah kullarına zulmedici değildir. Sıkıntı ve musibetler cennetin anahtarıdır. Sıkıntılar seni cennete götüren birer köprüdür. Bu konuyu hadislerle desteklemek isterim.

Bak ne diyor Allah Resulü:(sav)

"*Asıl musibet ve zararlı musibet imanımıza, Müslümanlığımıza ve ahlakımıza gelen musibettir. Bu musibetlerden her zaman Allah'a sığının.*" (Tirmizi, *Deavat* 79)

Görüyor musun? Hastalık ya da haksızlığa uğramamız, can mal kaybımız aslında zararlı bir musibet değil. Asıl musibet şeytanın hemen acımızı kullanarak bizi isyana ve intihara götürmek için vesvese vermesidir. Asıl gerçek musibet budur.

"Ateşin altın ve gümüşün paslarını giderdiği gibi, bir Müslüman'ın hastalığı da onun günahlarını giderir." (İbn Mace)

"İnsanların en çok musibete uğrayanları evvela Peygamberleridir. Sonra derecelerine göre veliler ve salihler gelir. Kişi dinine göre bela ve imtihanlara maruz kalır. Eğer dine bağlılığı varsa belası daha da artar. Fakat dininde gevşeklik yaşıyorsa ona göre musibetlerle karşılaşır. Kişiye belalar gelir gelir de artık onun üzerinde hiçbir günah kalmaz." (Tirmizi, Zühd 57; Ahmed bin Hanbel 1/172, 174)

Lütfen hadisin burasını iyi oku:

"Eğer dine bağlılığı varsa belası daha da artar."

Şeytanın şu an tüm emeği kayboldu, üzerinde kurduğu tez yıkıldı. Demek ki din eksikliği ve gevşekliği karşısında bela gelmiyormuş, aksine dine bağlı olduğun için geliyormuş.

Hadisin şu kısmına da dikkat etmeni isterim:

"İnsanların en çok musibete uğrayanları evvela Peygamberleridir."

Evet istersen tek tek bakalım Peygamberlerin maruz kaldığı sıkıntılara:

Hz. Muhammed(sav) yurdundan edilmişti, başına deve pislikleri konulmuştu ve Taif'te taşlanmıştı hani hatırlarsın.

Ya Hz. İbrahim?(as) Ateşe atılmıştı hani... Ve Oğlu İsmail'i kurban etmekle imtihan edilmişti...

Hz. Yunus(as) balığın karnında sıkışmıştı.

Hz. Eyüp(as) yıllarca hasta yaşadı, hastalığından neredeyse vücudu erimişti. Kurtlar bütün etlerini yemişti.

Hz. Yusuf(as) kuyuya atılmıştı hatırlarsan. Haksızlığa uğrayıp da hırsız damgası yemiş, nefsine sahip çıktığı için yıllarca hapis yatmıştı.

Babası Hz. Yakup(as) ise evladını kaybetmişti, gözleri kör olmuştu.

Hz. Zekeriya(as) testere ile parçalanmıştı hani...

Bu yüzden:

"*En şiddetli bela Peygamberlere, velilere ve salih kullara gelir.*" (Tirmizi)

"*Nimete kavuşması için insana musibet gelir.*" (Buhari)

"*Musibet kavuşulacak bir derece için gelir.*" (Ebu Nuaym)

Demek ki sıkıntı makamını artıyormuş da biz uyuyormuşuz, farkında değilmişiz.

"*Kişi hep sıhhat ve selamette olsa idi bu ikisi onun helaki için kâfi gelirdi.*" (İ. Asakir)

"*Allah ve Resulünü seven belaya hazır olsun.*" (Beyhaki)

Hâlâ niçin Allah bela veriyor mu diyorsun? Senin kat kat derecen artsın diye, kendisine dost etmek için, cennetine koymak için musibet veriyor.

Ne kadar şanslıyız, Allah Peygamberlerine verdiği sıkıntıları biz kullarına da vererek bize de tenezzül ediyor. Bizimle ilgileniyor. Allah'tan gelen her şey rahmettir demiştim. İşte tek sebebi budur.

**Her kulun imtihanı farklıdır.
Kimi hastalık ve ilişkisinde, kimi inancıyla imtihandadır. Kimi fakirliğiyle, kimi de zenginliğiyle aslında... Düşünsene Allah sana değer vermiş imtihan etmiş. Kula düşen Allah'tan gelene kalben razı olmaktır.**

NASİPLE KAVGA EDİLMEZ

En büyük savaşlarımızdan biri maalesef nasibimizle kavga içinde olmak öyle değil mi? Bir ev istersin, alamazsın, nasibine razı gelmez kavga içinde olursun.

Bir eş, istersin seversin, ama sonu gelmez hemen unutur nasibine küsersin. Bir giysi ya da çanta istersin ama nasip değildir olmaz üzülürsün.

Bir şey kaybedersin, bir ayrılık yaşarsın, artık o nasipten çıkmıştır ama sen hep geçmişte kalır aynı noktada takılıp durursun.

Oysa mutluluk ve huşu nasibimize razı olmaktan gelir. Lütfen bunu kalbine yaz. O kadar çok kayıplarım oldu ki, o vakitlerde şöyle düşünmeyi Allah ilham etti:

"Uğur bu senin nasibin değilmiş, nasiple kavga etme, Allah'tan gelene razı ol... Evet, bütün çözüm aslında bu ilhamla gelen cümledeydi..."

Ve biliyor musun Allah her zaman daha hayırlı ve güzelini bana verdi. Çok şükür...

Şimdi yeni yepyeni bir hayatın başlangıcını yaşayacaksın... Bu kitabı kapattığında hayata farklı bir gözle, daha rahmani bakacağına inanıyorum. Hadi tekrarla:

Niye böyle oldu demiyorum artık.

Çünkü Allah öyle istedi...

SON SÖZ

Çok şükür... Bir kitabımızın daha sonuna geldik. Bizi buluşturan Allah'a hamd olsun. Artık bu konuda şeytanın kafamıza soktuğu zehirli bilgilerden kurtulduk. Şimdi *Allah'a koşma* zamanıdır. Hızlıca koşun. Arkanıza bile bakmadan *Allah'a koşun*.

Sonra Allah'ı vekil edinin. Ya Rabbi seni dost bildik deyin. Allah'ım seni rahmet edici bildik deyin. Rabbim seni merhamet edenlerin en merhametlisi bildik ve inandık deyin.

Allah sizi bekliyor. İşiniz düşmeden de *Allah'a koşun*.

O dostluğunu ve sevgisini ikram etmek için sizi bekliyor...

O halde bekletmeyin Rabb'imizi:

"*ALLAH'A KOŞUN!*"

– Zariyat 50

UĞUR KOŞAR KİMDİR?

TTS (Theatrical Therapy System) ve Nur Terapisi'nin kurucusu olan ruhsal danışman ve yazar Uğur Koşar; kendisini fıkıh, tefsir, hadis ilmi açısından geliştirmenin yanında; zihin ilimleri olan bilgelik ile sufiliği (kalp gözüyle bakışı) harmanlayarak kendine özgü üslubuyla insanların kendi öz varlıklarıyla buluşmasına, böylece kalıcı bir huzura kavuşmasına yardımcı olmaktadır.

Bütünden yana olan Uğur Koşar, "Bilim ve ilim ayrılamaz, dünya Kuran üzerine kuruludur..." diyerek; zihin, ilim ve psikolojiyi birleştirip terapilerinde başarıya ulaşmıştır.

Uğur Koşar der ki: "Ben sizi yeni bir şeyle tanıştırmıyorum, sadece unuttuğunuz kendi özünüzle tekrar buluşmanıza vesile oluyorum. Yaşam matematik değil bir şiirdir ve içinde nefes aldığınız bu hayat, beyinlerin gelişmesinden öte yüreklerin ve ruhun olgunlaşmasıyla gelen bir kutlama olmalıdır."

Böylece yaşamanın aslında bir sanat olduğunu anlatmaktadır.

Onun görüşüne göre mutsuz insan yoktur, mutlu olacağına inanmayan insan vardır ve insanları yorgun kılan yaşam değil, taşıdıkları maskeler ve inandıkları kalıplardır.

Uğur Koşar, "Her soru önce kendi cevabını doğurur..." sözleriyle insanların aradığı cevapların aslında kendi derinliklerinde mevcut olduğunu ifade etmektedir.

O, yaşam yolculuğunda insanların kendilerini keşfetmeleri ve kendi derinliklerinde bulunan mevcut cevaplara ulaşmaları adına; onları sadece düşündürmeye, idrake ulaşmalarına ve baktıklarından daha derine odaklanarak Allah'ın kendilerine sunduğu hediyeleri görmelerine-kucaklamalarına yardımcı olmaktadır.

"Yaşam geçmiş ile gelecek arasında açmış bir çiçektir; onu, sadece şimdiki anın içinde koklayabilirsin.

Kendi hayatını yaşamıyorsan yaşadığın hayat senin değildir!

İnsanlar seni yanlış anladığında dert etme, duydukları senin sesin fakat aklından geçirdikleri kendi düşünceleridir.

Senin dünyaya baktığın pencere kirli ise, benim renkli çiçeklerimi çamur görürsün.

Önemli olan hayatın ne zaman son bulacağı değil, onu ne zaman hissederek yaşamaya başladığındır.

Ben size mutlu olmayı değil, mutluluğa dönüşmeyi gösteriyorum.

Allah kitaplarını, Peygamberlerini insana göndermişken, cennetinin kapılarını ona açmışken ve sana bu kadar çok değer veriyorken; sen nasıl olur da kendine değer vermezsin?

Sadece yaşamın gerçekliğine uyum sağla, ruhun ağlamaya ihtiyacı varsa ağla, gülmeye ihtiyacı varsa gül; her deneyimi yaşa, kontrol etme. Şayet kontrol edersen bütün enerjini dışarıya akıtmış olacaksın. Sessiz ol ve yaşamın akışını izle; tefekkürde kal, o akışta gelen her şey bir rahmettir."

Onun bu sözleri insanlara farkındalık kazandırmaya yöneliktir.

Uğur Koşar, insanlığın temel sorunlarından birini ise şöyle ifade etmektedir:

"İnsanlar isyanda, hayat çoğu için yaşarken bitmiş durumda; çünkü hep başkalarının hayatını yaşamaktalar. Bu hayat onların değil, başka bedenlerde, başka ruhlarda hayat buluyorlar ve onlar gidince hayat da anlamını yitiriyor. İnsanlığın en büyük sorunu budur. Kendi hayatını yaşamıyorsan yaşadığın hayat senin değildir. Nasıl olabilir ki? O hayat başkasına bağlı ve o gittiğinde yahut ilgisini yitirdiğinde sen de eriyor, tükeniyorsun! Olanları izlediğinde şahit olacaksın ve o zaman varlığın hakikate uyanacaktır."

UĞUR KOŞAR'IN TERAPİSİ HAKKINDA

(İnsanların Uğur Koşar'a dünyanın dört bir yanından gelmelerinin sebebi; doktorların teşhis koymuş olduğu panik atak, anksiyete, OKB-takıntı, özgüven eksikliği, depresyon hastalarına, ekip arkadaşları ile birlikte tek seanslık görüşmesi ile destek vererek başarıya ulaşmış olmasındandır. İlginize teşekkür ederiz...)

Uğur Koşar terapisiyle ilgili şu sözleri dile getirmiştir:

"Öncelikle şunu çok net belirtmeliyim: Terapi görmek için yıllarca uzmanlara, psikologlara gitmiş ama çare bulamamış insanlarla görüşmeyi seçiyorum. Bunu sana kimse söylememiş olabilir, fakat depresyon artık senin aydınlanmanın, çiçek açmanın habercisidir. Bir çiçek tohumunu düşün; tohumun filizlenmesi, çiçek vermesi için nasıl ki artık son derece patlamaya hazır duruma gelmesi gerekiyorsa insan da depresyondayken çiçek vermeye hazır demektir.

Yahut gebe bir kadını düşün lütfen. Onun doğum gerçekleştirmesi için dokuz ay sürenin geçmesi, artık karnının burnuna gelmesi, bir patlamaya bir sıkışmaya hazır olması gerekir, öyle değil mi? Yoksa bebek sağlıklı doğmayacaktır. Bebek dört aylıkken doğarsa ölecektir. İşte bu yüzden senin dibe vurman, depresyonda olman benim için son derece güzel bir şey. Bana artık senin çiçek açmana yardımcı olmak, sadece bu negatif enerjini pozitife dönüştürmek kalıyor.

Psikolojik sorun yoktur, sadece zihinsel bir işletim hatası vardır. İnsan zihni kullanmasını bilmiyor, çünkü onun kullanma talimatını kimse vermedi! Ben insanlara zihnin nasıl kullanılacağını gösteriyorum ve onlar kolayca özlerine ulaşıyor, kalıcı sonsuz huzurla tanışıyorlar, tek sırrım budur.

Burada olduğuna göre uzmanlara, psikiyatrlara gitmiş, ilaçlar almış ama kendi özünle buluşamamış olmalısın. Sana yardımcı olamamış olabilirler, çünkü sen derin bir uykudasın, tıpkı geceleri yatağında uyuduğun gibi. Ve bu durumda sana verilen komutları algılayabilir, onları idrak ederek yaşamında uygulayabilir misin? Hayır.

Bunu nasıl yapacaksın? Sen zaten bir uykudasın... Uykuda olan hiç kimse dışarıdan verilen komutları rüyasında uygulayamaz. Bu yüzden uzmanlar insan üzerinde kalıcı bir mutluluk sağlayamamıştır. Kişinin öncelikle derin uykusundan uyandırılması gerekir ve bizim yaptığımız sadece sizin uyanmanıza yardımcı olmaktır, sonsuz huzur ise tıpkı kâbuslu bir rüyadan uyanır gibi kendiliğinden bir anda gelecektir."

"İnsanları yorgun kılan hayat değil, taşıdıkları maskeleridir" diyerek de birçok insanın farkında olmadan takmış olduğu maskelerinden sıyrılarak kendi özüyle buluşmasını sağlayan üstat, şu sözleriyle insanları farklı bakış açılarına yönlendirmektedir:

"Sorun hiçbir zaman problemler değildir, yaşam yolculuğunda problemler her zaman olacaktır, asıl sorun, zihnin oyununa gelerek kendi yaşam enerjiniz ile farkında olmadan sorunları, vesveseleri büyütmenizdir."

Uğur Koşar, "Mutsuzluk, zeki insanın bilgeliğe dönüşüm aracıdır" diyerek danışanlarına, acıyı bir araç olarak kullandırıp sonra onu sonsuz bir huzura dönüştürmekte ve kendine özel öğretisiyle görüşme seanslarında bunu yaşatarak anlatmaktadır.

Uğur Koşar, "Dikkatle izlemenizi isterim. Biri sizi üzdüğünde o aslında size sadece bir iğne batırmıştır; öfke, tepki, üzüntü ise sizin içinizden yükselir!" diyerek insanları kendi içine yönlendirip orada özü ile buluşturarak sorunların sonsuz bir huzura dönüşmesine; kendine özgü birçok öğretisiyle danışanlarının farkındalık kazanmasına ve bilgelik boyutuna ulaşarak aydınlanmasına yardımcı olmuştur.

Psikologlar kitaplarını ve terapisini tavsiye etmektedir. Sanatçılara, birinci ligden futbolculara, yaşam koçlarına, doktorlara, psikologlara terapi ve eğitim veren Uğur Koşar ile ekip arkadaşları görüşmelerini, İstanbul Mimaroba'daki özel çalışma ofisinde yapmaktadır.

Üstadın geliştirdiği TTS (Theatrical Therapy System) tek seanslık olup başarılı sonuçlar edinilmiş ve tavsiye ile yayılmış bir sistemdir.

***

İletişim

Web: www.ugurkosar.com

Tel: 0544 863 26 62